Ejecución de enfoscados y guarnecidos «a buena vista»

Francisco José Soto Lara

ic editorial

Ejecución de enfoscados y guarnecidos «a buena vista»

1ª Edición

Editado por: IC Editorial
c/ Cueva de Viera, 2, Local 3
Centro Negocios CADI
29200 Antequera (Málaga)
Teléfono: 952 70 60 04
Fax: 952 84 55 03
Correo electrónico: iceditorial@iceditorial.com
Internet: www.iceditorial.com

ISBN: 978-84-1184-964-7
Depósito Legal: MA 1149-2025

Impresión: PODiPrint
Impreso en Andalucía – España

Nota de la editorial: IC Editorial pertenece a Innovación y Cualificación S. L.

Presentación del manual

El **Certificado de Profesionalidad** es el instrumento de acreditación, en el ámbito de la Administración laboral, de las cualificaciones profesionales del Catálogo Nacional de Cualificaciones Profesionales adquiridas a través de procesos formativos o del proceso de reconocimiento de la experiencia laboral y de vías no formales de formación.

El elemento mínimo acreditable es la **Unidad de Competencia.** La suma de las acreditaciones de las unidades de competencia conforma la acreditación de la competencia general.

Una **Unidad de Competencia** se define como una agrupación de tareas productivas específica que realiza el profesional. Las diferentes unidades de competencia de un certificado de profesionalidad conforman la **Competencia General,** definiendo el conjunto de conocimientos y capacidades que permiten el ejercicio de una actividad profesional determinada.

Cada **Unidad de Competencia** lleva asociado un **Módulo Formativo,** donde se describe la formación necesaria para adquirir esa **Unidad de Competencia,** pudiendo dividirse en **Unidades Formativas.**

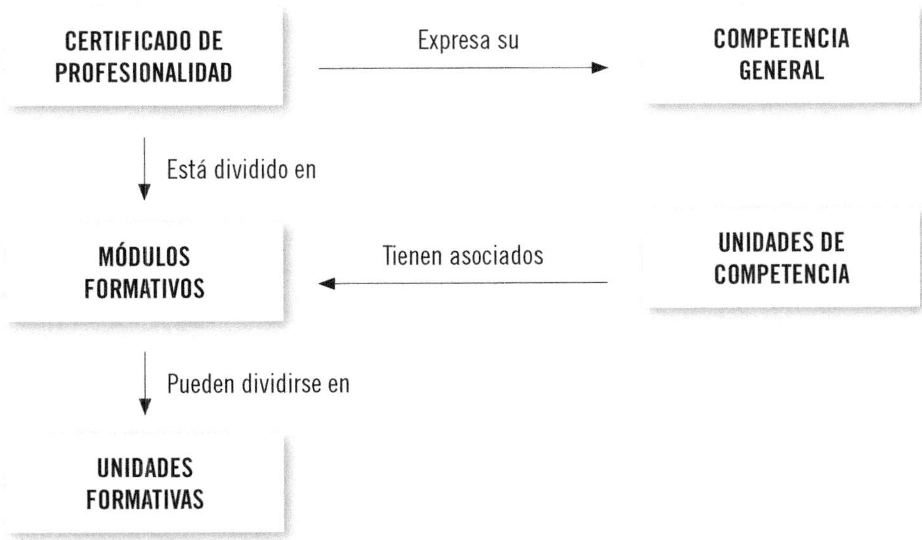

El presente manual desarrolla la Unidad Formativa **UF0644: Ejecución de enfoscados y guarnecidos "a buena vista",**

perteneciente al Módulo Formativo **MF0872_1: Enfoscados y guarnecidos "a buena vista",**

asociado a la unidad de competencia **UC0872_1: Realizar enfoscados y guarnecidos "a buena vista",**

del Certificado de Profesionalidad **Operaciones auxiliares de revestimientos continuos en construcción.**

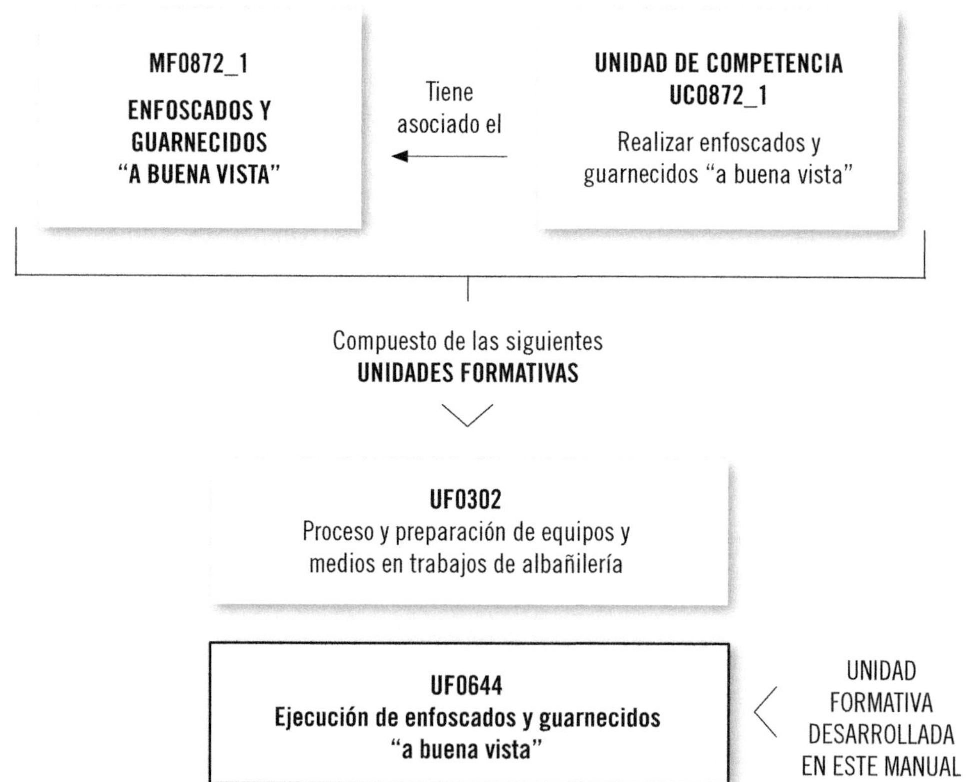

FICHA DE CERTIFICADO DE PROFESIONALIDAD

(EOCB0109) OPERACIONES AUXILIARES DE REVESTIMIENTOS CONTINUOS EN CONSTRUCCIÓN (R. D. 644/2011, de 9 de mayo, modificado por el R. D. 615/2013, de 2 de agosto)

COMPETENCIA GENERAL: Preparar los soportes para realizar revestimientos con morteros, pastas y pinturas, ejecutar "a buena vista" enfoscados y guarnecidos, aplicar imprimaciones y pinturas protectoras, y realizar labores auxiliares en tajos de obra, siguiendo las instrucciones técnicas recibidas y las prescripciones establecidas en materia de seguridad y salud.

Cualificación profesional de referencia	Unidades de competencia		Ocupaciones o puestos de trabajo relacionados:
EOC272_1 Operaciones auxiliares de revestimientos continuos en construcción (R. D. 872/2007, de 2 de julio)	UC0276_1	Realizar trabajos auxiliares en obras de construcción	• 9602.1013 Peón de la construcción de edificios • Ayudante de Albañil • Operario de Acabados • Ayudante de Pintor • Peón especializado
	UC0869_1	Elaborar pastas, morteros, adhesivos y hormigones	
	UC0871_1	Sanear y regularizar soportes para revestimiento en construcción	
	UC0872_1	Realizar enfoscados y guarnecidos "a buena vista"	
	UC0873_1	Aplicar imprimaciones y pinturas protectoras en construcción	

Correspondencia con el Catálogo Modular de Formación Profesional

Módulos certificado	Unidades formativas	Horas
MF0276_1: Labores auxiliares de obra		50
MF0869_1: Pastas, morteros, adhesivos y hormigones		30
MF0871_1: Tratamiento de soportes para revestimiento en construcción	UF0302: Proceso y preparación de equipos y medios en trabajos de albañilería	40
	UF0643: Preparación de soportes para revestir	60
MF0872_1: Enfoscados y guarnecidos "a buena vista"	UF0302: Proceso y preparación de equipos y medios en trabajos de albañilería	40
	UF0644: Ejecución de enfoscados y guarnecidos "a buena vista"	60
MF0873_1: Pintura y materiales de imprimación y protectores en construcción	UF0645: Proceso y preparación de equipos y medios en trabajos de pintura en construcción	40
	UF0646: Aplicación de pinturas e imprimaciones protectoras	80
MP0134: Módulo de prácticas profesionales no laborales		80

Índice

Capítulo 3

Ejecución de guarnecidos “a buena vista”

Capítulo 1

Revestimientos continuos conglomerados

Contenido

1. Introducción
2. Tipos de revestimientos: continuos, discontinuos, en láminas, pinturas. Funciones
3. Tipos de revestimientos continuos conglomerados: enfoscados, revocos, estucos, esgrafiados, guarnecidos, tendidos de yeso, enlucidos. Revestimientos sintéticos, revestimientos monocapa y bicapa. Propiedades
4. Tipos de soportes adecuados
5. Condiciones ambientales para la puesta en obra de revestimientos continuos conglomerados
6. Relaciones de los revestimientos con otros elementos y tajos de obra
7. Procesos y condiciones de seguridad que deben cumplirse en las operaciones de revestimientos continuos conglomerados
8. Resumen

1. Introducción

Se puede definir el revestimiento como todo elemento superficial aplicado a la cara de un elemento constructivo, consiguiendo así mejorar algunas de sus propiedades y su apariencia.

Por tanto, a la vista de la definición, el revestimiento se puede formar con uno o varios materiales e incluso estar aplicado en distintas capas, ya que en la propia definición se hace referencia a todo aquel material que se aplique a la cara de un elemento constructivo.

De la definición también se deduce que los revestimientos no se usan solo en paredes, sino también en techos y suelos, y tanto en interior como en exterior, lo que influirá en el tipo de revestimiento a aplicar (que vendrá dado por el proyecto de ejecución de la obra o por las instrucciones de los responsables de la misma).

Para la forma de aplicación, según el tipo de elemento constructivo y su localización (interior o exterior), se requerirán de unos medios adecuados y una elaboración y tratamientos que también dependerán de su finalidad, condiciones del clima, de la obra y del propio elemento constructivo (tipo, material y posición).

En este capítulo se hará una clasificación de los tipos de revestimientos que se usan en construcción dando una breve explicación de sus funciones que servirá para introducir los denominados "revestimientos continuos conglomerados" que son los que se usan en los enfoscados y guarnecidos.

También se tratarán los soportes adecuados, la relación con otros elementos y trabajos de la obra y los procesos y condiciones de seguridad en las operaciones de este tipo de revestimientos.

2. Tipos de revestimientos: continuos, discontinuos, en láminas, pinturas. Funciones

Hoy en día existe una gran variedad de revestimientos en cuanto a materiales, soluciones decorativas y sistemas de aplicación, aunque se pueden clasificar según su apariencia final y su forma de aplicación en continuos, discontinuos, láminas y pintura.

La normativa que regula y establece las exigencias básicas de calidad que deben cumplir los edificios, relativos a la funcionalidad y los aspectos funcionales de los elementos constructivos se regirán por el Real Decreto 314/2006, de 17 de marzo, por el que se aprueba el Código Técnico de la Edificación.

En la actualidad gana gran importancia el revestimiento, ya que tiene que soportar desgastes ocasionados en el tiempo y diversas situaciones que se puedan dar sobre él, además del ruido, para evitar una contaminación acústica.

2.1. Revestimientos continuos. Funciones

Los revestimientos continuos son aquellos que tienen una apariencia final sin llagas, cortes o separaciones cubriendo totalmente y de modo uniforme la superficie en la que se aplican.

Suelen prepararse para su uso en el lugar de trabajo y tienen una forma más o menos pastosa, endureciéndose por secado o fraguado, adoptando así su apariencia final o sirviendo en ocasiones como base para otros tipos de revestimiento.

Nota

Los enfoscados de mortero y enlucidos de yeso son ejemplos típicos de los revestimientos continuos.

Aunque, dependiendo de la técnica usada, se pueden aplicar como acabado decorativo y por tanto se pueden usar como revestimientos definitivos, es muy frecuente usar los guarnecidos de yeso con un posterior recubrimiento de pintura como acabado de interiores de viviendas, y los enfoscados, también pintados, como acabados de exteriores en fachadas.

Ejemplo de habitación con enlucido de yeso

Las funciones de estos tipos de revestimientos son, dependiendo del material del que se compongan: mejorar la apariencia de la superficie, alisado de la misma como acabado definitivo o para posteriores tratamientos, la protección de la superficie frente a las inclemencias del tiempo e incluso mejorar las cualidades resistentes y acústicas.

? Sabía que...

El característico color de los llamados "pueblos blancos" se debe al revestimiento de cal que comúnmente se daba a los exteriores de las viviendas.

Continúa en página siguiente >>

<< Viene de página anterior

Hoy en día la cal como revestimiento ha caído en desuso y se mantiene el color blanco por tradición aunque conseguido con otros tipos de revestimientos.

2.2. Revestimientos discontinuos. Funciones

Estos revestimientos suelen ser de materiales naturales o prefabricados y se suelen fijar, bien a un paramento "en bruto" o bien a uno con un primer revestimiento ya aplicado (enfoscado, por ejemplo).

Por tanto, al aplicarse en piezas, su acabado tendrá cortes, yagas y juntas propias de la colocación de dichas piezas unas junto a otras.

Dependiendo del material, forma y dimensiones del revestimiento y de su sistema de pegado o anclaje, su nivelado permitirá más o menos posibilidades de compensar irregularidades y desplomes, por lo que a veces es necesario que se coloquen sobre superficies muy planas y bien aplomadas.

Muestra de revestimiento discontinuo cerámico imitando a muro de ladrillo visto

Por ejemplo, los alicatados de cuartos de baño se suelen hacer sobre paredes con enfoscado maestreado, ya que este queda muy liso y aplomado. La misma operación se suele realizar para los solados con piezas cerámicas.

En la mayoría de los casos, el revestimiento discontinuo suele ser el último que se da al elemento constructivo y por eso se debe ser más preciso en su colocación, cuidando su estética, ya que será la que tendrá finalmente la obra. Por tanto, en sus labores de colocación también se incluyen los llagueados, relleno de juntas y lecheados.

Algunos ejemplos de revestimientos discontinuos son los alicatados, aplacados, solados, pizarra, placas decorativas de diversos materiales incluso de imitación a otros (como piedra natural o madera, por ejemplo), etc.

Nota

Las paredes en ladrillo visto acabadas y con fines decorativos suelen ser paredes realizadas directamente así, con ladrillos fabricados específicamente para ello y sin ningún revestimiento, en ocasiones como segunda pared cuando se hacen en exteriores y revistiéndose solo pilares y salientes cuando es necesario, ya que de otro modo sería muy caro y se desperdiciaría mucho material.

Para revestir paredes con acabado de ladrillo visto para fines decorativos existen productos en el mercado tanto cerámicos como de imitación.

Lo mismo ocurre con paredes y muros de piedra.

Las funciones de los revestimientos discontinuos dependen del tipo de material empleado, abarcando desde la decoración hasta la protección de paramentos y mejora de sus propiedades y, dependiendo de lo que se quiera conseguir, existe una amplia gama de productos en el mercado.

Los productos cerámicos (baldosas, losas y azulejos) son muy comunes y suelen permitir, dependiendo de su material, una fácil limpieza y mantenimiento, un considerable aislamiento térmico y/o acústico y además son incombustibles y tienen gran resistencia a la emisión de polvo.

Actividades

1. ¿Qué tipo de revestimiento habría que utilizar en los distintos paramentos de dos locales que se van a entregar "en bruto"? Considerar que en uno de ellos se puede tomar libremente cualquier decisión y en el otro debe necesariamente darse algún revestimiento aunque no será definitivo.
2. ¿Qué tipo de revestimientos son los de las imágenes siguientes?

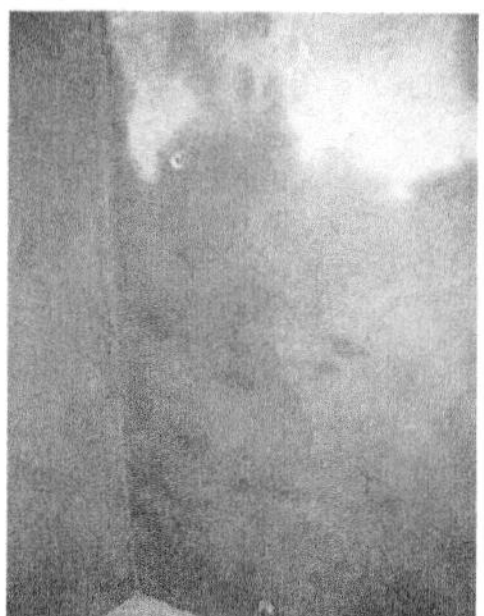

2.3. Revestimientos en láminas. Funciones

En esta categoría se engloban los revestimientos prefabricados que se suministran y colocan en láminas y que pueden ser flexibles, ligeros, rígidos o textiles.

Estos revestimientos, por su poco espesor, requieren siempre de una base firme y aplomada o nivelada para su anclado o pegado y en algunos casos se trata del revestimiento final decorativo que quedará a la vista.

En el caso de paramentos verticales, su colocación puede ser en toda la altura de la pared o en zócalos, para lo cual, la parte de pared sin cubrir requerirá que esté acabada a nivel decorativo o terminarse después de la instalación del zócalo, siempre dependiendo del tipo de acabado previsto.

Definición

Zócalo

Es la parte inferior de una pared formada o recubierta por otro material para su protección o decoración. También se llama zócalo a una pieza de granito que ayuda a nivelar los basamentos de un edificio a una misma cota.

Puesto que estos revestimientos requieren una base firme y aplomada, se suelen utilizar sobre enfoscados o guarnecidos de yeso, dependiendo de su finalidad y medio de anclaje, aunque también se pueden anclar sobre la superficie en bruto siempre que esté bien nivelada. En ocasiones hay que realizar trabajos de emplastecido o relleno de irregularidades si el revestimiento es fino.

Algunos ejemplos de revestimientos en láminas son: papel, micromadera, microcorcho, plancha rígida de corcho, plancha rígida de PVC, tabla de acero, moquetas, planchas de acero, etc.

En el caso de algunos tipos de revestimientos en láminas, por su composición deberán cumplir con las calidades mínimas, en referencia a su resistencia frente a posibles incendios.

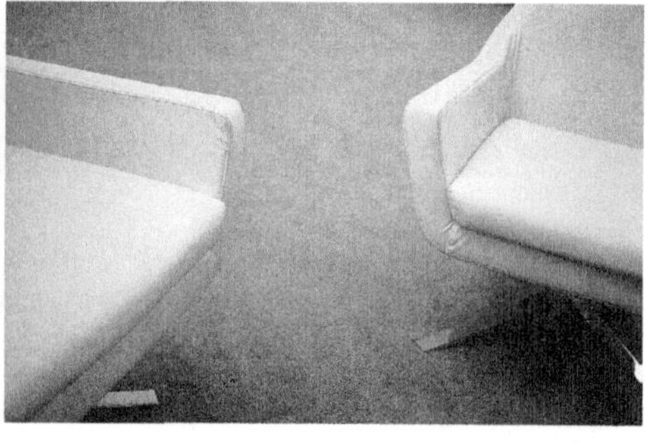

Revestimiento de paredes con corcho y de suelo con moqueta

Las funciones de estos revestimientos dependen del material a usar, siendo las más comunes la de protección mecánica frente a golpes o ralladuras, la insonorización en el caso de moquetas y materiales porosos como el corcho, el aislamiento térmico y también la decoración.

Algunos de estos revestimientos se pueden usar en sustitución de enfoscados o guarnecidos debido a su rápida colocación, siempre y cuando sus propiedades sean iguales a las que se necesiten según el uso del local.

2.4. Revestimientos tipo pinturas. Funciones

Posiblemente sea este el tipo de revestimiento que más fácilmente se pueda encontrar a su alrededor, puesto que es una solución decorativa muy común y, en ocasiones, de fácil aplicación.

Normalmente los componentes de pinturas, barnices y productos afines son un material líquido más o menos espeso que se convierte en una película sólida al secarse después de su aplicación. Se componen frecuentemente de uno o varios pigmentos (si lleva algún color), un ligante, un disolvente y otros aditivos dispersos en un vehículo. Los aditivos dependerán de las propiedades que deba tener la película sólida que forma tras su secado y el vehículo es el material líquido ya mencionado.

Las pinturas son revestimientos de menor espesor a los vistos anteriormente, por lo que suele ser necesario aplicarlas sobre un revestimiento ejecutado con anterioridad, siendo los más comunes los de mortero, yeso y algunos tipos de láminas que no vienen fabricados con un acabado final decorativo, si bien se usan como revestimiento de multitud de materiales, desde acero hasta maderas.

Nota

En la categoría de pinturas se incluyen también los barnices y lacados.

La elección de la pintura, barniz o similar se hará en base al material a que se va a aplicar y a la función que se desea lograr, existiendo una de las variedades más amplias en el mercado de los revestimientos vistos hasta ahora, pudiendo elegir el producto incluso considerando el número de "manos" que se quiera dar.

Aplicación de pintura impermeabilizante en la cubierta de un edificio

Las funciones de las pinturas, barnices y similares son: la función decorativa (siendo esta la más extendida), protección frente a la corrosión (para aplicaciones sobre metal), recubrimiento de porosidades (muy frecuente en preparación de maderas).

Existen también pinturas y barnices que protegen de la humedad e inclemencias del tiempo (humedad y exposición a la luz solar), hay pinturas antideslizantes e incluso algunas impermeabilizantes.

Actividades

3. Mirar alrededor e identificar los tipos de revestimientos de interiores que se encuentran según las clasificaciones vistas.
4. Asomarse al exterior e identificar los tipos de revestimientos de fachadas que se vean según las clasificaciones realizadas.

3. Tipos de revestimientos continuos conglomerados: enfoscados, revocos, estucos, esgrafiados, guarnecidos, tendidos de yeso, enlucidos. Revestimientos sintéticos, revestimientos monocapa y bicapa. Propiedades

Entre los revestimientos continuos conglomerados existen gran variedad de materiales, aditivos y mezclas de los mismos que se pueden usar para revestir elementos constructivos.

Puesto que hay tanta variedad, se distinguirá entre los revestimientos continuos tradicionales y los más actuales, que aparecen en gran medida como evolución de los mencionados revestimientos tradicionales.

3.1. Revestimientos continuos conglomerados: enfoscados, revocos, estucos, esgrafiados, guarnecidos, tendidos de yeso, enlucidos. Propiedades

En función de los materiales y aditivos que los componen y su técnica de aplicación, se pueden clasificar como se describe a continuación, junto a sus propiedades.

Enfoscados

El enfoscado es la primera capa que se extiende por la pared o muro, se realizan con mortero de cemento, de cal o mixtos y se utilizan para dar consistencia y firmeza al soporte, a la vez se utiliza como base para la aplicación posterior de otros tipos de revestimientos continuos, discontinuos, en láminas o como soporte para pinturas.

El grosor de la capa en el enfoscado es de 10 a 15 mm, no se aconseja hacer enfoscados de más de 15 mm de espesor para evitar defectos en el mismo. En caso de necesitar mucho más espesor, se suelen dar varias capas.

Sus propiedades son: gran resistencia, gran adherencia (que impide que el mortero se despegue de su soporte) y estanqueidad.

Existen distintos tipos de mortero según su resistencia, adherencia y estanqueidad. También, para aplicaciones en casos de fuertes filtraciones, se le pueden añadir aditivos para hacer mortero hidrófugo que es aun más resistente al paso de la humedad.

Nota

Cuando se apliquen varias capas de distintos revestimientos se deben aplicar primero los de mayor rigidez y encima los de menor, evitando así desconchados.

Revocos

Aunque se pueden emplear en interiores, los revocos se suelen utilizar en paredes exteriores enfoscadas aumentando su impermeabilidad.

Sería la aplicación de la segunda capa, más fino que el enfoscado, por lo que se realiza sobre este, sirve de última capa o capa vista, cuya misión es más decorativa.

El revoco o revoque se diferencia del enfoscado en el tipo de cemento, arena o cal que lo compone, usándose para el revoco arenas de río lavadas (para evitar "eflorescencias") de grano anguloso y cemento Portland blanco que le da un acabado más estético.

Definición

Eflorescencias
Son cristales de sales, normalmente de color blanco, que aparecen en la superficie de las paredes al transportarse sales solubles en agua hasta la superficie de la pared, quedando depositadas al evaporarse el agua.

Las propiedades al emplear los revocos son la resistencia la estanqueidad y sus grandes posibilidades decorativas al poder realizar diferentes tipos de acabados. El grosor máximo de los revocos en capa única es de 13 mm, y para la última capa más fina de acabado entre 5 y 7 mm.

Sabía que...

El cemento Portland debe su nombre a la isla inglesa de Portland por su parecido con unas rocas que se pueden encontrar allí.

Estuco

Frecuentemente se llama estuco a cualquier acabado brillante o que imite al mármol independientemente de la técnica que se use para ello.

El estuco es un acabado realizado mediante varias capas de pasta de cal o yeso, polvo de mármol, pigmentos minerales y agua con cola que se usa como revestimiento tanto interior como exterior y que puede usarse para imitar al mármol. Actualmente se pueden usar aglomerantes sintéticos para conseguir el efecto de estucado.

Entre sus propiedades destaca la capacidad decorativa y su trabajabilidad en la superficie, existiendo así varios tipos de estuco según el efecto que se quiera conseguir. Por otra parte, permite los intercambios de humedad natural con su soporte.

Nota

El estuco es un revestimiento que requiere de gran experiencia para lograr un buen acabado.

Esgrafiado

Es un revestimiento realizado en varias capas y en el que se usan dos morteros de diferente color. La técnica consiste en rayar, rascar o cortar la superficie con un dibujo predeterminado de forma que este tendrá el color del mortero de la capa interior, consiguiendo un gran efecto decorativo.

El dibujo se suele trazar en un papel resistente para plasmarlo en la superficie, pudiendo así hacer más preciso el trabajo del rascado.

La principal propiedad del esgrafiado es su valor decorativo junto a las mencionadas de los revestimientos de mortero.

Imagen de un esgrafiado segoviano

Guarnecidos

El guarnecido es un revestimiento con pasta de yeso realizado, bien manualmente, bien con máquinas de proyectar con yesos preparados para ello.

Se suele llamar así a la primera capa de yeso negro aplicada para dar posteriores revestimientos, siendo el más habitual el enlucido.

Su aplicación guarda similitudes con la del enfoscado, si bien no suele utilizarse en exteriores debido a que el yeso es más sensible al agua que el mortero. Tampoco se recomienda su uso en locales con una humedad interior prevista mayor del 70 % o que se prevea que serán salpicados frecuentemente con agua. Además, hay que tener cuidado de que no esté el guarnecido en contacto con partes metálicas de la construcción, ya que el yeso favorece la corrosión del metal.

Se suelen utilizar para interiores previo al acabado final cuando el revestimiento previsto sobre el guarnecido es más ligero y menos duro que este para evitar desconchados o desprendimientos. También se usa con más frecuencia por su rapidez de aplicación y su fácil manipulación, además existen elementos decorativos específicamente diseñados para su montaje sobre yeso, como las molduras.

El guarnecido mejora varias propiedades de los cerramientos, como el aislamiento acústico, el aislamiento térmico y la resistencia al fuego. También permite eliminar irregularidades.

Sabía que...

La palabra yeso designa tanto al mineral como al producto industrial obtenido a partir de él.

En España se empieza a usar como revestimiento desde los árabes, y el 60 % de la superficie del país es terreno yesífero.

Tendido de yeso

El tendido de yeso es un revestimiento más fino y mejor acabado que el guarnecido con el fin de aplicar sobre el propio tendido un revestimiento de material de poco espesor o poca capacidad de cubrir defectos, por lo que su aspecto superficial debe ser más fino que el guarnecido.

Con la denominación de "tendido de yeso" también se suele hacer referencia a la aplicación manual del guarnecido.

Las propiedades de los tendidos de yeso es la de permitir adquirir un acabado liso y el espesor recomendado para esta capa puede ser de entre 1 a 5 mm.

Enlucidos

El enlucido es la capa última que se aplica sobre el guarnecido, de yeso blanco y con un espesor habitualmente entre 1 y 5 mm, proporcionando un acabado fino.

El enlucido suele servir de base para terminaciones con pintura y revestimientos en láminas que no requieran de mucha resistencia para su fijación directa al paramento.

Aunque el enlucido colabora en completar las propiedades de los revestimientos de yeso, su principal cualidad es la de ser una buena base para acabados decorativos que necesitan una superficie muy lisa y nivelada, aunque el nivelado dependerá de la forma de aplicación del guarnecido y de la habilidad o experiencia de quien realiza el trabajo.

Actividades

5. Si se quisiera revestir con yeso una pared, dando un acabado fino para un posterior pintado, ¿qué tipos de revestimientos habría que ejecutar considerando que se va a trabajar sobre una pared en bruto?
6. ¿Sobre qué tipo de revestimiento se aplicaría un estuco?

Aplicación práctica

Imagínese que va a trabajar en una vivienda que está siendo reformada y cuyo propietario le ha contratado para hacer el revestimiento de las paredes del salón y de uno de los cuartos de baño.

El propietario desea que se preparen las paredes del cuarto de baño para alicatar con azulejos de gran tamaño y que, como no sabe lo que va a hacer con el salón, quiere en

Continúa en página siguiente >>

<< Viene de página anterior

este un acabado fino que le permita elegir entre varias opciones como pintura, papel pintado o un falso estuco.

¿Qué tipos de revestimiento elegiría usted para cada habitación?

SOLUCIÓN

En el cuarto de baño, al tratarse de un cuarto húmedo, lo ideal es hacer un enfoscado, ya que además podrá soportar perfectamente el peso de los azulejos. La técnica recomendada sería maestreado, aunque al tratarse de azulejos de gran tamaño, si se tiene la suficiente práctica, podría hacerse "a buena vista".

Aquí no haría falta más revestimiento ya que el acabado se hará con un revestimiento discontinuo.

En el salón se podrían elegir distintas opciones, aunque el guarnecido de yeso y un enlucido posterior sería lo más adecuado ya que es más rápido, más manejable y, probablemente, más económico.

3.2. Revestimientos sintéticos, revestimientos monocapa y bicapa. Propiedades

Los revestimientos continuos conglomerados sintéticos son en realidad una evolución de los revestimientos tradicionales en los que se han ido sustituyendo algunos de sus componentes por materiales sintéticos y con procesos de fabricación más actuales.

Revestimientos monocapa

Se llaman así porque una vez aplicados, aunque se haga en varias manos, su conjunto constituye una única capa constructiva compuesta por un mismo producto con una sola dosificación.

Recuerde

En los revestimientos tradicionales, las sucesivas capas se suelen hacer, según el tipo de revestimiento, con granulometrías o dosificaciones diferentes según su función.

Normalmente llegan preparados a obra y solo hay que añadirles agua, recomendándose el batido mecánico.

Hay bastante variedad en cuanto a tipos de acabados y colores, siendo habitualmente un revestimiento de acabado, es decir, sobre el que no se realizan otros revestimientos.

Su principal aplicación es en cerramientos exteriores, dadas sus propiedades.

Tales propiedades son la homogeneidad de la mezcla, apenas segrega (no se separan los materiales que componen la mezcla), buena adherencia, aguanta bien el descuelgue, es impermeable al agua de lluvia y es permeable al vapor de agua.

Imagen de una muestra de monocapa sobre una pared

Revestimientos bicapa

Tal y como se puede deducir por su denominación, los revestimientos bicapa se componen de dos capas, una primera que se aplica para resolver los aspectos técnicos como protección y aplomado, y otra decorativa con diferentes colores y texturas disponibles.

Para la primera capa se usa mortero de cemento o cal y para la segunda se pueden usar acabados sintéticos (morteros acrílicos o revestimientos plásticos), acabados minerales (revocos o estucos de cemento y/o cal).

Como es natural, sus propiedades son similares a las de los enfoscados, proporcionando como ventaja la facilidad y por tanto economía en la aplicación de la segunda capa con materiales sintéticos, que suelen ser de fácil ejecución.

Recuerde

Se llaman paramentos "en bruto" a aquellos elementos constructivos (paredes, suelos o techos) que no tienen revestimientos y que no están acabados.

4. Tipos de soportes adecuados

El revestimiento continuo conglomerado se puede realizar sobre multitud de elementos constructivos, como son:

- Fábricas de ladrillo (paramentos de ladrillos de hueco doble, sencillo, perforado, etc.).
- Fábrica de bloques cerámicos y de bloques de hormigón.
- Paramentos y elementos de hormigón armado.
- Bovedillas de forjado.
- Placas de distintos materiales prefabricados.

Construcción de un muro de bloques de hormigón

Todos los ejemplos dados tienen un punto común, que es la porosidad y la rugosidad. Estas son condiciones imprescindibles para que el revestimiento se adhiera correctamente. Por ello, hay que tener cuidado con los elementos estructurales de hormigón encofrados con placas metálicas, ya que suelen quedar muy lisos y se dificulta el agarre de la pasta, por lo que habría que rayar o hacer unos picotazos a lo largo de la superficie.

Nota

Cuando las fábricas de ladrillo se realizan con elementos de gran formato, los tabiques son más rígidos y hay que tener cuidado al aplicar el revestimiento, ya que tienden a tener más fisuras.

Aplomado y planeidad son otras condiciones necesarias para la realización de un buen revestimiento, ya que si hay que compensar grandes defectos, hay que usar mucho material y se puede desprender durante su aplicación, además de resultar una tarea complicada y que puede generar defectos en el fraguado.

El soporte también debe estar limpio de suciedades, arenas y polvo, ya que así se favorece que la pasta se adhiera al paramento; y húmedo, para que el fraguado o secado se produzca de forma homogénea y según necesite el material de revestimiento.

La humedad del paramento también es muy importante, ya que si está muy seco tenderá a absorber mucha humedad, que seguramente necesitará el revestimiento para su fraguado, y si está muy húmedo puede no adherirse adecuadamente.

Nota

Cuando se revisten con yeso perfiles de acero laminado, estos deben protegerse, por ejemplo forrándolos con elementos cerámicos, ya que el yeso favorece la corrosión.

El soporte para aplicar el revestimiento también deberá tener las cualidades mecánicas necesarias para soportar el peso que va a recibir, lo que, si bien se cumple en los elementos constructivos citados, puede ser que no ocurra con otros elementos como algunos que se emplean en zonas de características especiales, zonas de poca necesidad de resistencia o calidad, etc.

En el caso de soportes recién acabados, antes de aplicar los revestimientos, se debe esperar a que sean estables, para los de fábricas de ladrillos y bloques cerámicos debe de ser de al menos un mes y para las fábricas de piezas de hormigón debe transcurrir dos meses.

Actividades

7. En la foto se está aplicando un enfoscado a una pared de ladrillo. ¿Qué cualidades que faciliten tal operación se pueden distinguir en la pared?

5. Condiciones ambientales para la puesta en obra de revestimientos continuos conglomerados

Tal y como se ha ido viendo a lo largo del capítulo, los revestimientos continuos conglomerados se elaboran usando agua, tanto para su preparación en obra como para su aplicación en el caso de los que vienen preparados directamente del proveedor.

Por tanto, es razonable pensar que estos productos son sensibles a la humedad, por lo que su puesta en obra y almacenamiento deben realizarse en lugares secos y protegidos de la intemperie.

En cualquier caso, las etiquetas de los productos e instrucciones de uso siempre especifican los cuidados y limitaciones ambientales tanto para su conservación como para su empleo, y siempre es recomendable leer tales indicaciones ya que, de otro modo, se puede perder material por descuidos o mala manipulación o conservación.

En el caso de las arenas para morteros, puede ocurrir que su almacenamiento se realice sin embalajes, por lo que se deberá observar, antes de su uso para hacer la mezcla, que no están excesivamente húmedas.

Para la confección de la mezcla, tanto para cementos como para yesos, se recomienda que no se realice con la temperatura del agua de amasado por debajo de los 5 ºC ni por encima de los 40 ºC.

Sabía que...

Estas condiciones se pueden consultar en las NTE (Normas Tecnológicas de la Edificación), que, si bien datan de 1974, aún siguen en vigor, no siendo de obligado cumplimiento pero dando interesantes pautas de uso y tipos de materiales según su función, paramento de aplicación y tipo de acabados.

Existen NTE para casi todos los aspectos de la construcción y todas ellas se encuentran publicadas en distintos BOE (Boletín Oficial del Estado).

No deben revestirse paramentos exteriores si se espera lluvia o durante las mismas, ya que la mezcla absorbe más agua y se desprende; de hecho no se recomienda el uso de yesos en exteriores, ya que es soluble en agua, lo que también limita su uso en cuartos húmedos.

En el caso de heladas, hay que tomar medidas especiales en la ejecución y no pueden emplearse materiales que se hayan helado. Incluso el empleo de sales de deshielo puede producir daños.

Cuando ocurre que el tiempo es muy caluroso, se debe ir regando la superficie del soporte a medida que se vaya avanzando con el trabajo para mantener las mejores condiciones posibles de humedad, favoreciendo la adherencia, y además se debe humedecer la superficie, en el caso de los morteros de cemento, si el secado se produce demasiado rápido.

Una mala conservación de los materiales o una aplicación en condiciones desfavorables y sin los cuidados oportunos puede dar lugar a abombamientos, problemas en la aplicación, eflorescencias y otros defectos que pueden incluso llevar a deshacer el trabajo y realizarlo de nuevo.

6. Relaciones de los revestimientos con otros elementos y tajos de obra

En toda obra de construcción hay que combinar distintos trabajos y oficios para lograr un resultado final que alcance el objetivo deseado. Y es que cualquier construcción debe ser útil y funcional, para lo que suele ser necesario algo más que la formación de una estructura más o menos completa.

Desde una carretera hasta un edificio de viviendas debe llevar medios que les proporcionen energía acorde a sus necesidades, sistemas de evacuación de agua de lluvias, saneamientos, protecciones, etc.

Es por ello que toda construcción requiere un orden de actuación que permita que los distintos trabajos se realicen adecuadamente, con la mayor rapidez y eficacia posibles y con la calidad necesaria.

Revestimiento exterior acabado

A la vista de lo dicho, cuando se van a realizar revestimientos en paramentos exteriores, dichos paramentos deben estar terminados. No se deben revestir paredes realizadas a medias, ni cubiertas sin terminar. Así mismo, en el caso de haber algún acceso en dichos elementos como puertas, o ventanas, estos deben tener sus precercos instalados, lo cual suele ocurrir con frecuencia, ya que los revestimientos exteriores se suelen realizar en las fases intermedias o finales de la obra.

Para los revestimientos interiores hay que planificar en el mismo sentido e incluso con más cuidado, ya que es por el interior por donde circulan todas las instalaciones del edificio (fontanería, electricidad, aire acondicionado, etc.).

En todo caso, el primer paso antes de realizar un revestimiento interior es que el elemento a revestir esté terminado y seco, igual que se comentó para los revestimientos exteriores, es decir, paredes, suelos o techos terminados con tiempo suficiente para que estén secos. No se debe revestir una pared de fábrica de ladrillo recién terminada y con el mortero de unión aún húmedo, o una pared a medias que más tarde se deberá completar.

Por otro lado, si los interiores van a tener instalaciones, las rozas deben estar ejecutadas con anterioridad al revestimiento y los tubos de paso de dichas instalaciones colocados.

Sabía que...

Las rozas son unos huecos o acanaladuras que se realizan en los tabiques y paredes de ladrillo para empotrar principalmente tubos y mecanismos.

En muchos lugares se conocen a las rozas como “regolas”.

Hay instalaciones que, normalmente, deben realizarse completamente antes del revestimiento, como son la fontanería y el saneamiento que, por la rigidez de sus componentes, no pueden pasar por tubos dejados previamente, lo contrario que ocurre con los cables eléctricos, que a veces se suelen instalar con los revestimientos hechos introduciendo por los tubos dejados los cables mediante guías.

En cualquier caso, la parte de las instalaciones que va empotrada en una pared, es recomendable que se realice antes del revestimiento de las mismas, para lo que, antes de realizar las instalaciones se hacen unas marcas que servirán de guía para la realización de rozas.

Importante

Antes de hacer las rozas, se suelen marcar sus recorridos con pinturas (habitualmente de color azul o rojo) para que el rocero (la persona que hace las rozas) sepa los recorridos que debe realizar.

Si usted se encuentra que debe realizar el revestimiento de una habitación donde están estas marcas, consulte con los responsables de la obra.

Incluso si no encuentra ni rozas, ni marcas, tampoco está de más que consulte.

Los instaladores electricistas suelen dejar preinstaladas las cajas de mecanismos y cajas de derivación para luego, una vez realizado el revestimiento, completar la instalación con los mecanismos y embellecedores previstos.

Se debe intentar no tapar dichas cajas, ya que la única forma de encontrarlas es deshaciendo el trabajo realizado, si bien hay montadores que suelen dejar objetos o papeles arrugados dentro de dichas cajas para que no queden "enterradas" por accidente.

Por último, también se deben considerar si se van a realizar otros revestimientos de interior, como solados o escayolas y el orden de los mismos, para no afectar negativamente a trabajos ya realizados.

Actividades

8. Imagine que se va a realizar el revestimiento de una habitación de una vivienda. ¿Qué se debe observar antes de comenzar?

Aplicación práctica

Siguiendo con el ejemplo de la aplicación práctica ya realizada, en la que el propietario de una vivienda que se está reformando requiere sus servicios para revestir un cuarto de baño y el salón, este le dice que la reforma ha consistido en desplazar algunas paredes (romper y hacer de nuevo) y que estas están ya terminadas, pudiendo empezar cuando quiera.

Cuando llega a la obra con los materiales y hace una visita al tajo para plantear la descarga y el trabajo, encuentra que en el salón está la pared nueva recién acabada y con apariencia de haber sido recientemente, y que una de las paredes nuevas es de hormigón con una superficie muy fina.

Sin embargo, en el cuarto de baño encuentra las paredes secas, con las rozas o regolas hechas y las instalaciones acabadas.

¿Qué debe prever en relación al lugar de acopio, orden del trabajo y las tareas previas al comienzo de los revestimientos?

SOLUCIÓN

En primer lugar, se puede buscar un lugar donde acopiar el material e incluso donde poder hacer las mezclas, siendo lo ideal, y a falta de otra indicación, el salón, que probablemente sea grande. El cuarto de baño podría usarse en todo caso para preparar las mezclas, pero no acopiar material, ya que, si hubiera alguna fuga, el material peligraría.

Por otro lado, al ver instalaciones hechas en el cuarto de baño, es evidente que las paredes deben llevar tiempo terminadas, por lo que, al tener las instalaciones colocadas, sería el mejor lugar para empezar, pensando que probablemente solo necesite limpiar un poco y quizás humedecer la superficie de las paredes (porque hacer las rozas desprende mucho polvo).

Continúa en página siguiente >>

<< Viene de página anterior

No se hacen rozas en paredes de poco espesor, por lo que seguramente serán de ladrillo y esto hace que sea un soporte ideal para un enfoscado por su resistencia.

Con respecto al salón, la pared recién terminada induce a pensar en dos cosas: la primera es que no se puede enfoscar por estar aún fresca, y la segunda que posiblemente se tengan que hacer rozas para las instalaciones, lo que se debe aclarar con el propietario ya que, si va a llevar instalaciones, seguramente queden varios días de trabajo de otros oficios.

Por otro lado, la pared de hormigón requerirá un picado superficial para que el guarnecido de yeso se adhiera correctamente.

7. Procesos y condiciones de seguridad que deben cumplirse en las operaciones de revestimientos continuos conglomerados

Desde hace años, la seguridad y salud en el puesto de trabajo ha ganado protagonismo haciendo que, cada día, acudir al puesto de trabajo y llevar a cabo las tareas propias del mismo resulte poco a poco menos arriesgado.

Y aun quedando mucho por hacer, los avances que se han logrado son el resultado de campañas de formación y concienciación, así como de exigencia del cumplimiento de las normativas de seguridad laboral tanto a empresarios como a trabajadores.

Nota

La normativa de seguridad laboral obliga al empresario a velar por la seguridad de los trabajadores en su puesto de trabajo y a hacer que los empleados cumplan con las medidas de seguridad necesarias.

Sin embargo, la misma normativa e incluso el Estatuto de los Trabajadores recogen el deber del trabajador a cumplir con las medidas de seguridad que la empresa disponga como necesarias.

Continúa en página siguiente >>

<< Viene de página anterior

Al fin y al cabo, ante un accidente laboral, el principal perjudicado siempre es la víctima del accidente y por tanto quien más cuidado debe tener para preservar su propia seguridad y salud.

La normativa de prevención de riesgos en el trabajo obliga al empresario a estudiar los riesgos de cada uno de los puestos de trabajo que requiere su actividad y a establecer y proporcionar las medidas que eviten o disminuyan al máximo posible los riesgos detectados, así como velar para que tales medidas se cumplan, lo cual se recoge en el documento llamado "Plan de seguridad y salud".

En tal sentido, el empresario también debe informar a los trabajadores de las precauciones y medidas de prevención que deben tomar durante su trabajo, incluyendo medidas de emergencia y evacuación ante cualquier tipo de accidente.

En las obras de construcción es el contratista principal el que proveerá los medios de seguridad generales para la ejecución de la obra que estén recogidos en el plan de seguridad y será el responsable de la coordinación de los mismos para evitar situaciones peligrosas (siempre con la colaboración del resto de contratistas y subcontratistas). Sin embargo, serán el resto de empresas las que suministrarán sus medios de seguridad particulares propios del sistema productivo que utilicen, así como los equipos de protección individual de su personal según su propio plan de seguridad y salud que habrán entregado al coordinador de seguridad de la obra para su aprobación si procede.

En el caso de trabajadores por cuenta propia o autónomos, estos respetarán la planificación y medios de seguridad de la obra y aportarán los medios necesarios para su propia seguridad que requiera su forma o sistema de trabajo.

En la medida en que la técnica lo permita, la empresa contratista principal de la obra deberá proporcionar los medios generales para que el entorno de trabajo sea seguro, proporcionando las condiciones adecuadas de limpieza, coordinación entre trabajos y empresas, iluminación general y protecciones colectivas (aquellas que protegen a cualquiera que se exponga a un peligro como barandillas, redes, etc.).

El contratista principal podrá exigir a cualquier empresa y empleado, propio o no, que cumpla las medidas de preventivas de la obra. También podrá exigir a toda empresa contratista o subcontratista que forme parte de la obra que cumpla con las medidas de seguridad a las que se haya comprometido en su plan de seguridad, basado en los riesgos propios de su oficio, como por ejemplo iluminación auxiliar necesaria por el tipo de trabajo, cuidado de conductores eléctricos de la maquinaria que usen, protección de trabajadores en trabajos a la intemperie, protección contra el ruido, uso de EPI necesarios e incluso la limpieza de los residuos propios generados, etc.

Definición

EPI

Equipos de protección individual que son de obligado uso cuando así se recoja en el plan de seguridad de la empresa que realiza los trabajos, en función de los peligros propios de su trabajo.

Como ya se ha dicho, cada trabajo en una obra conlleva unos peligros propios de su sistema de ejecución y de los medios y materiales que emplea y en función de ellos se planificarán las medidas preventivas a considerar.

En los trabajos con revestimientos continuos conglomerados los principales riesgos son:

- Caídas al mismo y a distinto nivel.
- Pisadas sobre objetos y resbalones.
- Caídas de objetos por desplome, derrumbamiento, desprendimiento en las plantas o durante el izado de material.
- Proyección de fragmentos y/o partículas.

- Sobreesfuerzos.
- Exposición a condiciones ambientales adversas (sol, lluvias, viento, etc.).
- Uso de sustancias alcalinas que pueden ocasionar dermatitis y sustancias pulverulentas.
- Uso de equipos de trabajo manuales y eléctricos que pueden producir cortes, golpes, atrapamientos, contactos eléctricos y exposición a ruidos.

Actividades

9. ¿A qué riesgos se estaría expuesto trabajando en un guarnecido manual dentro de una habitación de un edificio y trabajando sobre un andamio de borriquetas o caballetes?
10. ¿Y cuáles serían los riesgos trabajando en un enfoscado en un paramento exterior en suelo firme?

Las medidas preventivas a adoptar frente a estos riesgos se expondrán en los próximos capítulos, asociándolas a la aplicación práctica de los trabajos objeto de los mismos. Estas medidas se respetarán junto con aquellas propias de las condiciones especiales que requiera el trabajo o el sistema que se emplee para el mismo.

8. Resumen

Se llama revestimiento a todo elemento superficial aplicado a la cara de un elemento constructivo, por lo que se está hablando de enfoscados, enlucidos, alicatados, solados, etc., aplicados sobre paredes, suelos, techos, muros, pilares y, en definitiva, cualquier tipo de elemento constructivo.

Suelen tener una función decorativa o de preparación para una decoración, y muchos de ellos mejoran las propiedades del elemento constructivo tanto en su conjunto como para su uso.

Los revestimientos continuos son aquellos que tienen una apariencia final uniforme y los discontinuos son aquellos que, al estar hechos de piezas, una vez aplicados tendrán juntas, yagas o cortes (como alicatados y solados, por ejemplo). También hay revestimientos en láminas y tipo pinturas.

Entre los revestimientos continuos conglomerados se pueden encontrar, según su composición, función y forma de aplicación, los enfoscados, revocos, estucos, esgrafiados, guarnecidos, tendidos de yeso, enlucidos.

Dentro de los revestimientos continuos conglomerados también se engloban los revestimientos sintéticos monocapa y bicapa.

Antes de aplicar un revestimiento a un soporte hay que considerar si el propio soporte tiene las condiciones adecuadas, como la resistencia al peso del revestimiento, adherencia, humedad, planeidad, aplomado y limpieza.

Puesto que los revestimientos conglomerados se preparan con agua, es evidente que las condiciones de conservación y uso deberán ser en seco, además de ser necesaria la consideración de las condiciones climatológicas previstas para su aplicación.

Cuando se prevea realizar un revestimiento, hay que tener en cuenta si los oficios que deben realizar su trabajo antes, ya lo han hecho, y no realizar revestimientos en elementos constructivos sin terminar.

La seguridad durante el trabajo es muy importante, puesto que su salud va en ello. Para prevenir los riesgos en el trabajo, el empresario evaluará los mismos y dispondrá unas medidas para eliminarlos o reducirlos al mínimo posible.

El empresario o el contratista principal dará a los trabajadores las indicaciones de seguridad necesarias para realizar su trabajo, teniendo estos el deber de respetarlas y recibiendo o teniendo que aportar sus medios de seguridad según si se trabaja por cuenta ajena o propia, respectivamente.

En general, para los trabajos de revestimientos continuos conglomerados existen unos riesgos comunes y frecuentes cuyos medios de prevención o protección se especificarán más adelante.

Ejercicios de repaso y autoevaluación

1. ¿Qué es un revestimiento continuo? Marque la respuesta correcta.

a. Es aquel que tiene una apariencia final sin llagas, cortes o separaciones, cubriendo totalmente y de modo uniforme la superficie en la que se aplica.
b. Es aquel que, al aplicarse en piezas, su acabado tendrá cortes, yagas y juntas propias de la colocación de dichas piezas unas junto a otras.
c. Es el que se compone de un material líquido más o menos espeso que se convierte en una película sólida al secarse después de su aplicación. Se compone frecuentemente de uno o varios pigmentos.

2. Indique si las siguientes frases son verdaderas o falsas.

a. Las funciones de los revestimientos continuos son solamente decorativas.

☐ Verdadero
☐ Falso

b. Las funciones de los revestimientos discontinuos dependen del tipo de material empleado, abarcando desde la decoración hasta la protección de paramentos y mejora de sus propiedades.

☐ Verdadero
☐ Falso

c. Las funciones de las pinturas, barnices y similares son: la función decorativa, protección frente a la corrosión y recubrimiento de porosidades.

☐ Verdadero
☐ Falso

3. Complete la siguiente oración.

En la mayoría de los casos, el ___________ discontinuo suele ser el ___________ que se da al ___________ constructivo, y por ello se debe ser más ___________ en su colocación, cuidando su ___________, ya que será la que tendrá finalmente la obra. Por tanto, en sus labores de colocación también se incluyen los ___________, relleno de juntas y lecheados.

4. Marque la respuesta correcta. Algunos de los tipos de revestimientos continuos conglomerados son:

a. Enfoscados, guarnecidos y alicatados.
b. Enfoscados, guarnecidos y revestimientos sintéticos.
c. Pinturas, barnices y monocapa.

5. Relacione los siguientes elementos.

a. Enfoscado.
b. Guarnecido.
c. Revoco.
d. Enlucido.

__ Se diferencia del enfoscado en el tipo de cemento, arena o cal.
__ No se aconseja hacerlo de más de 15 mm de espesor.
__ Es una primera capa de yeso negro.
__ Es una capa de terminación.

6. Relacione con flechas el tipo de revestimiento continuo con el material del que se compone:

a. Enlucido.
b. Enfoscado.
c. Estuco.
d. Guarnecido.
e. Esgrafiado.
f. Revoco.

__ Mortero.
__ Yeso.

7. El revestimiento monocapa se compone del mismo material que se viene empleando tradicionalmente en los enfoscados sin ninguna diferencia.

- ☐ Verdadero
- ☐ Falso

8. Marque el elemento que no pertenece a la relación:

El revestimiento continuo conglomerado se puede realizar sobre multitud de elementos constructivos como son:

- Fábricas de ladrillo (paramentos de ladrillos de hueco doble, sencillo, perforado, etc.).
- Fábrica de bloques cerámicos y de bloques de hormigón.
- Paramentos y elementos de hormigón armado.
- Paredes metálicas.
- Bovedillas de forjado.
- Placas de distintos materiales prefabricados.

9. Las cualidades de un buen soporte para realizar un revestimiento continuo conglomerado son (añada la que falta):

Porosidad y rugosidad, planeidad y aplomado, humedad, resistencia y ___________.

10. De las siguientes condiciones ambientales para la puesta en obra y aplicación de los revestimientos continuos conglomerados, indique la o las incorrectas.

a. El material se debe acopiar en lugares resguardados de la humedad.
b. La mezcla se puede hacer a cualquier temperatura.
c. Es recomendable leer las recomendaciones del fabricante.
d. Los paramentos exteriores se pueden revestir con tiempo lluvioso.
e. En el caso de heladas, hay que tomar medidas especiales en la ejecución y no pueden emplearse materiales que se hayan helado.

11. **Una vez que se ha terminado de realizar el soporte a revestir, ¿qué se debe tener en cuenta antes de aplicar el revestimiento?**

____

____

____

____

12. **El empresario tiene la obligación de evaluar los riesgos de cada puesto de trabajo que requiere su actividad.**

- ☐ Verdadero
- ☐ Falso

13. **Sitúe las siguientes palabras en el lugar correcto de la frase incompleta:**

informar - emergencia - accidente - trabajo - prevención

El empresario también debe ____________ a los trabajadores de las precauciones y medidas de ____________ que deben tomar durante su __________, incluyendo medidas de ____________ y evacuación ante cualquier tipo de ____________.

14. **Cite cuatro riesgos de los trabajos con revestimientos continuos conglomerados.**

____

____

____

____

15. **¿Le puede exigir un representante de la empresa contratista principal que respete y cumpla con las medidas de seguridad propias de su oficio? Razone brevemente la respuesta.**

____

____

____

____

Capítulo 2

Ejecución de enfoscados "a buena vista"

Contenido

1. Introducción
2. Procesos y condiciones de ejecución de enfoscados “a buena vista”
3. Suministro de materiales para enfoscar
4. Condiciones previas del soporte a enfoscar
5. Ejecución de enfoscados “a buena vista”
6. Control de ejecución de enfoscados
7. Factores de innovación tecnológica: materiales, técnicas y equipos innovadores de reciente implantación
8. Puesta en práctica de las medidas preventivas planificadas para ejecutar los trabajos de enfoscados “a buena vista” en condiciones de seguridad
9. Resumen

1. Introducción

Los enfoscados "a buena vista" son aquellos en los que, para su ejecución, no se usan medios que garanticen el aplomado del resultado más allá de la habilidad del enfoscador, contrariamente al caso del "maestreado", en el que se hacen unas tiras o líneas de mortero (maestras) que compensan los abombamientos e irregularidades del paramento, estando completamente aplomadas.

Las maestras sirven por tanto como guías que marcan al nivel de espesor exacto que debe tener el enfoscado y sirven además de ayuda para realizarlo.

Se puede decir pues que la ejecución "a buena vista" es aquella en la que el aplomado se consigue mediante el "buen ojo" del albañil además de su buen hacer.

Los resultados de los enfoscados a buena vista pueden ser realmente excelentes, si bien mediante el maestreado se garantiza el resultado.

De todo lo dicho se deduce que, mayoritariamente, los enfoscados a buena vista se realizarán en lugares en los que no se requiera un acabado tan fino o estético como otras técnicas o que posteriormente vayan a llevar otro revestimiento que pueda compensar la falta de aplomado que pueda quedar, considerando que un enfoscado a buena vista bien ejecutado puede reducir un poco los defectos del paramento.

En este capítulo se verán los procesos, materiales y condiciones de los soportes para enfoscar, además de la ejecución de los enfoscados al detalle e incluso las medidas preventivas frente a los riesgos laborales y algunas innovaciones recientes del oficio.

2. Procesos y condiciones de ejecución de enfoscados "a buena vista"

Como se definió en el anterior capítulo, un enfoscado es un revestimiento continuo conglomerado realizado con mortero de cemento, de cal o mixto que se aplica a paredes y techos tanto interiores como exteriores y cuyo fin es, una vez seco, dotar de una capa de un material duro y continuo a dichos paramentos o elementos constructivos.

Con mayor frecuencia se enfoscan paredes, por lo que, para revestirlas con el mortero, será necesario adherir la mezcla a la pared lanzándola o proyectándola de modo que quede pegada, raseando o aplanando luego con una regla que permitirá trabajar en un ancho más o menos de las dimensiones de la propia regla e incluso recuperar el material sobrante.

Para ello primero habrá que comprobar las condiciones de humedad, limpieza y resistencia de la pared para luego hacer la mezcla y empezar a trabajar con ella.

Recuerde

No se deben aplicar enfoscados sobre paredes excesivamente húmedas, llenas de polvo ni sin la resistencia suficiente.

Tampoco se debe enfoscar con lluvia o heladas ni reparar la mezcla con agua a menos de 5 ºC ni a más de 40 ºC.

No son aptas para enfoscar las superficies de yeso ni aquellas que tengan una resistencia similar o menor, ya que, como recordará, los revestimientos que se dan en primer lugar deben ser, al menos, más resistentes que los que se realicen sobre ellos.

Para el trabajo de enfoscado las herramientas que se emplean más comúnmente son:

- **La paleta.** Es la herramienta que se usa para proyectar la masa. También se usa para amasar pequeñas cantidades de mortero, y pequeños alisados y repellados. En algunas zonas se le llama “palustre”.

Paleta en una cubeta o espuerta

- **La llana.** Es una herramienta formada por una placa metálica o plástica con un mango y se usa para aplicar, extender o allanar el mortero. También sirve de apoyo para pequeñas cantidades de mortero, permitiendo alcanzarlas con mayor facilidad para la paleta o palustre, ya que una mano sostendría la llana con la mezcla y la otra con el palustre tomaría la mezcla de la llana para aplicarla al paramento. Cuando su superficie es muy grande se llama **talocha** y esta, por su tamaño, no permite apretar la masa contra la pared, con lo que su utilidad es solo como "bandeja" para sostener el mortero, aunque en mayor cantidad que la llana debido a su tamaño.

El trabajador sostiene una llana con mortero para usarlo con la paleta

- **Reglas.** Las reglas son barras de perfil rectangular o cuadrado que, en el caso de los enfoscados, se usan para rasear el mortero una vez proyectado a la pared, distribuyendo homogéneamente la mezcla y dándole continuidad.

En esta operación es en la que hay que intentar dar el aplomado cuando es necesario.

Algunas reglas son extensibles y, en general, todas se usan también como si fueran "moldes" para hacer las aristas de mortero de las esquinas.

Lógicamente la regla debe ser recta, sin curvas, ni pliegues ni dobleces, es por ello que se usan comúnmente perfiles metálicos industriales rectangulares de material o tratamiento anticorrosión (aluminio, acero galvanizado, etc.). El uso de perfiles huecos es por aligerar el peso de la herramienta.

Las reglas también se usan como referencia y apoyo para la aplicación del mortero en vuelos, como en petos, exteriores de terrazas, etc.

Raseado de hormigón con una regla

- **Esparavel.** Es una herramienta que se utiliza como bandeja para contener la mezcla y transportarla hasta el lugar de trabajo, con una mano se sujeta y con la otra se va recogiendo la mezcla para extenderla en la pared o muro para realizar el enfoscado. Con forma cuadrada de aluminio generalmente y con un asa en el centro en la cara inferior.

- **Fratas.** Es un utensilio de madera compuesto por una tabla con un mango en una cara, que se utiliza para el fratasado, que sirve para igualar y alisar el enfoscado.

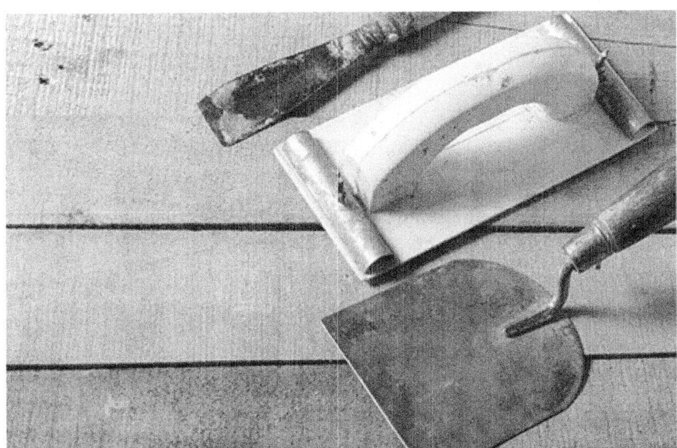

- **Espátula.** Es una herramienta con una hoja que suele ser de acero con un mango, en ocasiones se sustituye por la llana o la paleta para las tareas de acabado.

Existen gran variedad de herramientas para la realización de enfoscados, si bien la mayoría son similares a las comentadas o evoluciones de las mismas.

Definición

Fratasado

Es un acabado que se da al enfoscado realizando remolinos con el fratás en la superficie del mortero cuando empieza a fraguar, dando un acabado de aspecto rústico que puede quedar así o servir de base a otro revestimiento.

El fratasado deja el poro de la superficie abierto, con lo que se reduce mucho la contracción del enfoscado durante su secado.

Respecto a la aplicación del enfoscado, existen algunas recomendaciones, como que se realice un llagueado cada tres metros en paramentos exteriores grandes para evitar agrietamientos, además del cuidado en relación a las condiciones ambientales que se recomendaban en el anterior capítulo.

Es conveniente ir humedeciendo el mortero del enfoscado si se comprueba que se seca muy rápido, esto, junto a una buena dosificación de la mezcla, evitarán la formación de grietas.

También se recomienda que, si el espesor del enfoscado va a ser mayor de 15 mm, se haga en capas sucesivas para evitar el desprendimiento durante el trabajo.

Cuando se realicen enfoscados sobre vigas, viguetas y pilares de acero, se deben forrar con piezas cerámicas o de cemento para evitar el contacto del mortero húmedo con el metal.

Un enfoscado a buena vista se considera suficientemente aplomado cuando no hay defecto de planeidad superior a 5 mm medida con una regla de un metro de largo.

Actividades

1. ¿Cómo y en qué tareas habría que usar una paleta, una llana y una regla?
2. ¿En qué se recomienda que la medida máxima sean 15 mm? ¿Y la medida de qué no debe ser mayor de 5 mm?

Aplicación práctica

Indique las herramientas que utilizaría para realizar:

a. **Un enfoscado de pequeñas dimensiones, como por ejemplo un hueco de ventana cerrado con obra.**
b. **Un desconchado del tamaño de un balón.**
c. **La pared de un dormitorio.**

SOLUCIÓN

a. Al tratarse de una dimensión pequeña, el trabajo será suficientemente rápido proyectando con la paleta y extendiendo y raseando con llana, aunque con esta última hay que ser cuidadoso para mantener la planeidad.

Continúa en página siguiente >>

<< Viene de página anterior

b. Para un desconchado se puede proyectar, extender y rasear con la paleta. Sin embargo, en el raseo hay que ser aún más fino que con la llana, si bien es fácil lograr una buena planeidad en un espacio tan reducido.
c. La pared de un dormitorio ya es una superficie de cierta entidad que, si bien se puede proyectar con paleta, es recomendable extender y rasear con la regla, ya que se controla mejor el espesor y planeidad en mayores áreas y permitirá realizar un trabajo homogéneo.

---

3. Suministro de materiales para enfoscar

Los materiales que conforman el mortero para enfoscar son básicamente cemento, arena y agua, mezclados en una proporción de entre 1:3 y 1:6 (cemento:arena), dependiendo de su uso previsto y, como se vio en el capítulo anterior, existen aditivos y sustancias que se añaden, bien para prever un comportamiento específico del mortero en su aplicación, o bien para lograr mejorar algunas de sus propiedades.

De hecho, existen morteros con funciones concretas como los hidrófugos o los de fraguado rápido.

Recuerde

El mortero de cemento se prepara con agua, por lo que las condiciones de humedad del cemento o de la arena influirán en la calidad de su preparación y aplicación, de aquí que deban protegerse de la humedad y el agua.

Tampoco deben usarse materiales que hayan sufrido directamente el efecto de heladas.

Normalmente el mortero se prepara en el propio tajo tan pronto como es necesario su empleo, aunque, para usos especiales, preparados específicos o por conveniencia económica para el enfoscado de grandes superficies, puede venir preparado desde el proveedor o al menos listo para añadir solo agua.

Es muy importante preparar la cantidad que se va a usar, ya que el proceso de fraguado es continuo y constante, y no se le debe añadir agua para retrasar el proceso o ablandar la mezcla; siempre es preferible preparar lo justo que desaprovechar material (aunque se tenga que preparar un poco más por haberse quedado corto), si bien con la práctica se puede prever con facilidad la cantidad a preparar y para grandes trabajos suelen hacer falta grandes cantidades que se van preparando de forma continua.

No es habitual, por tanto, preparar cantidades desmedidas de mortero, puesto que, a la vista de lo dicho anteriormente, los medios para su preparación y movimiento al tajo están adaptados al trabajo.

Otra recomendación importante es la de no usar morteros a partir de las dos horas de haber sido preparado.

Para repellados, remates y pequeños enfoscados el mortero se suele preparar en una cubeta o una espuerta. Para trabajos más grandes pero limitados, como por ejemplo el enfoscado de una habitación en una reforma, se suelen ir preparando tandas según se van necesitando, si bien existen espuertas de tamaños considerables.

Existen espuertas de diversas formas y tamaños en el mercado.

Para obras, en las que se suele ir enfoscando progresivamente y hay un gran volumen de trabajo, la preparación y amasado se hacen con medios mecánicos como una hormigonera o un silo y se va suministrando a los enfoscadores según sus necesidades.

De nuevo, el movimiento al tajo tampoco se hace en grandes cantidades ya que el mortero pesa bastante, salvo que existan medios mecánicos para su transporte.

En los últimos tiempos es muy frecuente encontrar, en las obras con previsión de grandes superficies de enfoscado, silos de mortero que contienen la mezcla de cemento y arena en su interior y tan solo hay que conectarles una toma de agua para producir la mezcla lista para usar de forma rápida y en grandes cantidades.

Camión situando un silo de mortero

El transporte de la mezcla al tajo, en estos casos, se hace en contenedores (en algunos lugares conocidos como **bateas**) y en carros, algunos preparados para su manipulación con grúa o carretilla elevadora. Con estos equipos se suele proveer a cuadrillas o equipos de enfoscadores ya que, como se ha dicho, se debe preparar el mortero que se va a usar y no se recomienda añadirle agua una vez preparado.

Cuando el uso de silos no es factible, el cemento se suele adquirir en sacos en los que hoy día deben aparecer indicaciones de su tipo, peso del saco lleno, fabricante, tiempo de utilización, resistencia a compresión, marcado CE y otros.

El cemento usado será **P-250** y la arena será procedente de río, mina, playa o mezcla de ellas, siendo el tamaño máximo de grano admisible 2,5 mm, evitando los granos con forma de aguja (si es necesario seleccionar el tamaño y tipo de grano se pueden usar cedazos o cribas).

Nota

La arena puede proveerse de distintas maneras, aunque una muy frecuente es envasar mediante camiones o sacos de mayores dimensiones que los de cemento.

Actividades

3. ¿Cuánta cantidad y en qué recipiente habría que preparar mortero para enfoscar una ventana que ha cerrado de obra?
4. Relacionar los recipientes en los que se puede contener y transportar mortero que se han comentado en el apartado.

Aplicación práctica

Se le contrata para enfoscar manualmente las paredes de un chalet en construcción y le indican que comience por enfoscar el salón.

Continúa en página siguiente >>

<< Viene de página anterior

Dispone, para que le suministre material, de un ayudante, aunque el enfoscado lo realizará usted solo y en la obra hay un silo para producir mortero y cubetas, espuertas de tamaño medio-grande y bateas.

¿Usará el proyectado con paleta o el extendido con llana? ¿Qué cantidad de mortero pedirá a su ayudante?, ¿qué tipo de recipiente pedirá?

SOLUCIÓN

El primer dato significativo que se encuentra es el lugar a enfoscar.

Se trata de un salón, por lo que el acabado debe ser bueno.

A pesar que no tiene el dato de cuál será el acabado final, lo que es seguro es que debe esmerarse en conseguir una buena planeidad y aplomado, lo que significa que su velocidad de enfoscado no será grande, ya que debe cuidar el aspecto final.

Por otro lado, un salón es un habitáculo relativamente grande, lo que presupone una necesidad de material grande, al menos como para que una cubeta o espuerta pequeña sea poca cantidad, considerando que para superficies grandes es más rápido y da mejores resultados rasear con regla.

Se necesita por tanto rapidez y precisión, por lo que se puede elegir hacer el extendido con llana y el raseado con regla y por tanto usar espuertas de tamaño medio-grande.

El extendido con llana le permitirá aplicar el mortero con cierta rapidez, lo que hace que necesite una buena cantidad de mortero, y el raseado con regla le permitirá dar el acabado a áreas relativamente grandes, con lo que gastará el material antes de que se eche a perder.

Puesto que tiene ayuda, siempre puede ir pidiendo mortero según vea que lo necesita, lo que además le permitirá no desaprovechar material.

---

4. Condiciones previas del soporte a enfoscar

Como ya se ha expuesto anteriormente, las condiciones del soporte (pared o techo) son muy importantes para una correcta adhesión del mortero y para un fraguado adecuado, de forma que se consigan las propiedades y efectos que motivan la aplicación del enfoscado.

Una manera de prevenir posibles agrietamientos en el mortero, sería la colocación de mallas de mortero, ofreciendo al soporte homogeneidad, sobre todo en las zonas más críticas, como ventanas, esquinas y en la unión de materiales de diferente composición, a estas zonas se las conoce como puntos singulares.

4.1. Estabilidad

El soporte debe ser estable, de forma que aguante tanto el peso del mortero, que es considerable, como el trabajo de aplicación, ya que se puede decir que prácticamente se amasa contra el mismo, por lo que no se debe mover o poder caerse.

Esto es necesario también puesto que, durante la operación del raseado con la regla o con la llana, se aprieta el mortero contra el soporte para darle la planeidad deseada así como para equilibrar la cantidad de material, retirando el sobrante.

Aunque no son grandes fuerzas, es evidente que el soporte no se puede mover o no puede tener tendencia a volcar, puesto que la aplicación no se podría hacer correctamente y se podría desprender el mortero, con el peligro que ello supone además del desperdicio de material y de tiempo de trabajo.

4.2. Resistencia

Similares motivos a los anteriores son los que llevan a requerir una resistencia adecuada de los soportes a enfoscar, y es por esto, y por los motivos que se irán viendo posteriormente, que los paramentos ideales para enfoscar son los de ladrillo y hormigón.

La resistencia también es una buena justificación para requerir que los paramentos estén terminados antes de su enfoscado, si bien, como mínimo, deberán estar secos en los casos de paredes o techos de material cerámico o de hormigón unidos con mortero.

Una vez que la mezcla de unión de las piezas esté seca, se tendrá garantía de que la resistencia del paramento es la adecuada.

Recuerde

Nunca se debe aplicar un enfoscado en un paramento con un revestimiento ya aplicado de resistencia menor a la del enfoscado, puesto que habrá problemas en su aplicación y en el futuro acabarán apareciendo desconchados.

Por otro lado, puesto que el mortero se prepara con agua, el soporte también debe mantener su resistencia al estar en contacto con humedad.

4.3. Estanqueidad

Si bien la estanqueidad es una de las cualidades que se consiguen con el enfoscado, también el soporte debe tener cierta estanqueidad previa. De lo contrario, es posible que la estanqueidad que proporcionara el mortero no fuera suficiente.

La necesaria porosidad de los soportes favorece la adherencia, porque al facilitar el paso de pequeñas cantidades de agua por capilaridad hace el efecto de "tirar hacia sí" del mortero. Pero este paso de agua es limitado, puesto que los poros se llenan muy rápidamente por su reducido tamaño.

Sin embargo, un material no estanco permitiría más paso de agua y actuaría como un filtro, robándole al mortero el agua que necesita para fraguar.

También hay materiales que, además de no ser estancos, pierden su resistencia con la humedad, por lo que no son adecuados para la aplicación de enfoscados sobre ellos.

Recuerde

Otra de las condiciones importantes ya comentadas sobre el soporte para un enfoscado es que no tenga polvo ni suciedad, al menos no en gran cantidad, ya que dificulta la adherencia del mortero.

Incluso es necesario evitar, en la medida de lo posible, enfoscar un paramento con las ya mencionadas eflorescencias.

Se aconseja que se tapen por tanto, antes del enfoscado, agujeros e irregularidades, ya que, además de que dichas irregularidades favorecen el paso del agua, también se consigue así un acabado continuo evitando repasos además de favorecer el aporte de propiedades al paramento que se busca al aplicar un enfoscado.

Raseado de un enfoscado

Actividades

5. ¿Por qué no se debe mover un soporte que se va a enfoscar?
6. ¿Qué condición del soporte se busca al esperar que el mortero de unión de una pared esté seco?

Aplicación práctica

Justifique si se puede enfoscar:

a. **Una pared de placas de cartón-yeso.**
b. **Una pared con un revestimiento de yeso.**
c. **Una pared de hormigón.**
d. **Un techo de bovedillas cerámicas.**

SOLUCIÓN

a. Aunque existen muchos tipos de placas de cartón-yeso en el mercado, según lo visto no se podrían enfoscar. El hecho de ser de cartón-yeso presupone una baja resistencia al trabajo de enfoscado y aún menor dada la humedad del mismo.
b. Nunca se debe enfoscar sobre un revestimiento de yeso puesto que este tiene menor resistencia que el mortero, además de ser sensible a la humedad.
c. Sí se puede enfoscar una pared de hormigón, ya que tiene sobrada resistencia, estabilidad y estanqueidad.
d. Sí se puede. De hecho el material cerámico de las bovedillas es ideal para el enfoscado así como también lo son la resistencia y estabilidad de un forjado.

Aplicación práctica

¿Realizaría alguna operación previa al enfoscado en los soportes que se puedan enfoscar de la aplicación práctica anterior? Considere las condiciones de soportes vistas hasta ahora y justifique la respuesta.

SOLUCIÓN

En la aplicación anterior se podían enfoscar la pared de hormigón y el techo de bovedilla cerámica.

Puesto que las condiciones vistas hasta ahora son resistencia, estabilidad y estanqueidad, probablemente solo sea necesario tapar los agujeros e irregularidades que pueda tener el techo de bovedilla.

Continúa en página siguiente >>

<< Viene de página anterior

Aun así, siempre es bueno recordar las necesidades de limpieza y humedad de los soportes antes del enfoscado, así como la de picar la superficie del hormigón.

4.4. Temperatura

Como ya es sabido, no se recomienda que se prepare el mortero para el enfoscado con el agua de amasado a menos de 5 °C ni a más de 40 °C, lo que implica que las condiciones de temperatura de los soportes deben cumplirse del mismo modo, es decir, no se deben enfoscar soportes a menos de 5 °C ni a más de 40 °C.

Puesto que las temperaturas del soporte que influyen en la aplicación del enfoscado son las de su superficie, sabiendo la temperatura ambiente, se sabrá si las condiciones de aplicación del enfoscado son buenas o no.

Caso aparte es el de paramentos exteriores expuestos directamente al sol, en los que el simple contacto con la mano dará una orientación aceptable sobre su temperatura.

Cuando el tiempo es caluroso, se debe ir regando la superficie del paramento según se avanza, puesto que, durante el tiempo que se tarda en hacer un paño, el resto del paramento se puede secar y calentar más de lo necesario.

Es importante humedecer de forma controlada el mortero ya aplicado si se aprecia que se seca muy rápido, evitando así la aparición de grietas.

Importante

Las superficies a enfoscar no se deben regar en exceso puesto que se copan los poros de líquido y se limita su capacidad de absorber agua que, como se ha explicado, favorece su adhesión.

4.5. Control de humedad del soporte

La humedad del soporte es un aspecto importante puesto que, como se ha visto, la adherencia del mortero está relacionada con la capacidad de los poros del material del paramento de absorber agua.

Aunque parezca contradictorio, este es el motivo que hace necesario que se humedezca el soporte antes de la aplicación del mortero ya que, de otro modo, el material del paramento absorbería una humedad que necesita la mezcla para su fraguado.

La conclusión es, por tanto, que se debe humedecer el paramento antes de aplicar el mortero, pero no en exceso.

Pared de ladrillo aún húmeda por el mortero de unión

Ni que decir tiene que si el enfoscado es una segunda capa o se va a aplicar sobre un revestimiento anterior, este tiene que estar ya seco.

Igualmente, en el caso de paredes de ladrillo o bloques de hormigón unidos con cemento, las juntas de unión entre piezas deben haber fraguado.

El humedecido consistirá en un breve regado e incluso un repaso con un cepillo mojado con agua antes de la aplicación del mortero.

Representación de humedecido con cepillo

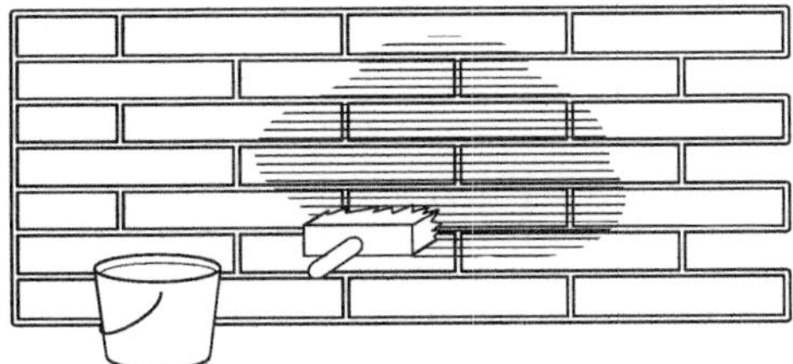

En las piezas cerámicas (ladrillo de hueco doble, macizo, etc.) se aprecia con facilidad el cambio de tono de color cuando está húmedo. De esta misma forma es fácil ver si una pared de ladrillo está preparada para enfoscar, ya que para ello no debe presentar humedades alrededor de las juntas de mortero.

También se debe comprobar el fraguado del mortero, para lo que es suficiente comprobar con los dedos la dureza del mortero de unión.

Diferencia de tono entre ladrillo seco (parte superior de la foto) y húmedo por el mortero de unión

Pared de bloques de hormigón aún húmedos por el mortero de unión

Actividades

7. ¿Cuáles son las temperaturas límite para preparar y aplicar el mortero?
8. ¿En qué consistirá el humedecido de una pared para el enfoscado?

Aplicación práctica

¿Qué medidas tomaría para enfoscar una pared exterior en pleno mes de agosto y con una ola de calor?

SOLUCIÓN

En primer lugar conocer la temperatura ambiente para saber si está por encima de los 40 °C. Si tiene la opción de trabajar en otros tajos o hacer otras tareas, podría pensar la conveniencia de enfoscar por la tarde, cuando empiezan a suavizarse las temperaturas.

Si la temperatura no alcanza el límite dado, es importante ir humedeciendo las zonas inmediatas que se van a trabajar.

Una vez realizado el enfoscado, debe ir humedeciendo el revestimiento si aprecia que se seca muy rápido, prestando especial atención durante el horario de más altas temperaturas y mayor incidencia del sol en el paramento, sobre todo si ha decidido enfoscar a primera hora de la mañana y termina antes de la hora de mayor temperatura diurna.

5. Ejecución de enfoscados "a buena vista"

Llegados a este punto, ya se han realizado una serie de preparativos y comprobaciones que le permitirán comenzar con las labores del enfoscado propiamente dicho.

Ya se ha comprobado que el paramento es estable, resistente y es, además de estanco, capaz de soportar la humedad propia de la elaboración y uso del mortero; y las condiciones de temperatura tanto ambientales como del soporte son adecuadas.

Hay material suficiente en la obra y, o bien ya sabe dónde puede preparar el mortero o ya ha podido llevar, o pedir que le lleven, el material a la zona de trabajo si allí será donde se prepare la mezcla.

Ha limpiado de polvo y suciedad la pared, ha preparado la mezcla y ha humedecido la superficie.

Recuerde

En el caso de paredes de hormigón muy lisas y sin rugosidades, como las ejecutadas con encofrados metálicos, se debe picar su superficie superficialmente y en toda su extensión para que el mortero pueda adherirse.

Se explicarán ahora las operaciones propias del trabajo de enfoscado.

5.1. Colocación de reglas o miras

Si bien el enfoscado a buena vista no se hace con más referencia que la propia vista del profesional, puede darse la circunstancia de necesitar la colocación de reglas o miras para algunas operaciones.

Las esquinas deben tener un acabado angular y uniforme difícilmente alcanzable sin esta ayuda; por eso, si el paramento tiene una esquina, se colocará una regla que permitirá dar el acabado correcto a dicha esquina e incluso permitirá dar una referencia de espesor y/o aplomado.

De hecho, es más fácil si ejecuta la esquina antes que el resto del enfoscado, puesto que incluso puede servirle de apoyo para los primeros raseados.

Por otra parte, en vuelos y paramentos en alto como pueden ser exteriores de terrazas, la colocación de una regla permitirá soportar el mortero durante su fraguado ya que, si no se coloca, el peso de la propia mezcla puede hacer que se desplace, por efecto de la gravedad, el enfoscado de parte del paño.

Importante

Las herramientas y elementos que se vayan a emplear en el enfoscado deben limpiarse antes y después de su uso.

Para las reglas suele ser suficiente con darle unas pasadas con el filo de la paleta.

Las reglas que se usan en estas operaciones son telescópicas, bien con muelles, bien con tornillos de presión, para alcanzar toda la medida del paramento a enfoscar.

Reglas de construcción

Con este sistema se consigue que la regla tenga una posición firme mediante la presión contra el suelo y el techo, ya que deberá resistir la proyección de la masa además de su "aplastado" con la llana o con la regla de rasear.

También se suelen usar unas piezas con forma de "C" realizadas con acero corrugado (el que se usa para hacer el armado de elementos estructurales de hormigón) de pequeño diámetro y que tienen un comportamiento elástico de modo que actúan como "sargentas" y que mantienen la regla en su sitio. En este caso se usan calzos para mantener la regla a la distancia de la esquina que marcará el espesor del enfoscado. Este sistema se suele emplear para esquinas de elementos de dimensiones reducidas y una punta del hierro se apoya en la regla y la otra se ancla en un agujero practicado a un ladrillo.

Nota

No es aconsejable trabajar con reglas de medidas menores que las del paramento, ya que es muy probable que no se conserve el aplomado de la misma.

La colocación de la regla se realiza por la parte exterior de la esquina y sobresaliendo hacia el lado del enfoscado la medida del grosor que se le va a dar al mismo, de forma que una de las caras de la propia regla servirá de referencia para la aplicación.

La regla estará a la distancia del otro lado de la esquina que marcará el espesor del enfoscado que se continuará haciendo en aquella parte.

Disposición de la regla respecto a un muro

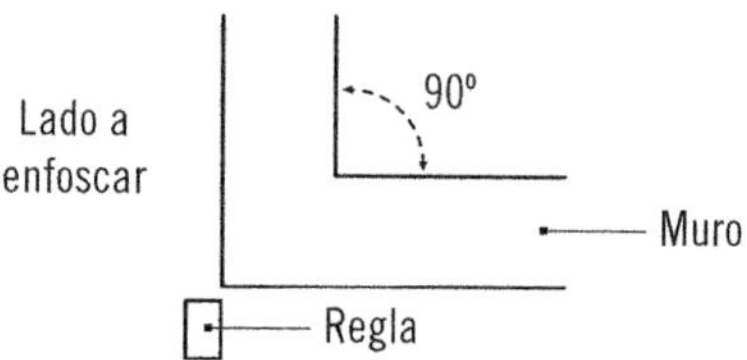

Disposición del calzo para agarre con hierros en forma de C

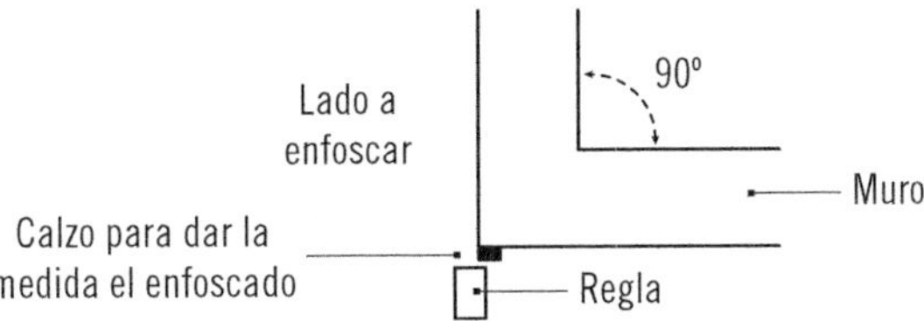

Lógicamente, si la esquina de enfoscado ya está realizada, tan solo hay que usar el trabajo hecho para continuar el enfoscado.

En ocasiones, antes de la colocación de la regla, se impregna la cara del lado del enfoscado con grasa de forma que el mortero no se quede pegado y al retirar la regla se estropee el trabajo realizado tirando también del mortero.

La regla deberá estar aplomada para que la esquina resultante también lo esté, para lo cual se usará la plomada por las dos caras perpendiculares a la esquina hasta alcanzar el aplomado.

Plomada

Para pequeñas correcciones ya se deja la regla sujeta, dando los pequeños movimientos necesarios con pequeños empujes o golpecitos.

Importante

Siempre se debe comprobar, incluso para pequeñas modificaciones, el aplomado en ambas caras de la regla.

Una vez se hayan colocado las reglas, esperar al día siguiente para quitarlas, de esta manera damos tiempo para que la mezcla quede con dureza suficiente para la tarea de rastreado, para ello se puede utilizar un martillo de goma.

En las esquinas y para los remates, se pueden colocar los guardavivos, también conocidos como cantoneros o esquineros, son elementos que se pueden encontrar de varias formas, las habituales son en forma de L o de ángulo, tienen como objetivo principal, proteger las esquinas y los remates de golpes y roces para que no se produzcan desconchones y desperfectos. Además evitan que los cantos queden demasiado agudos y el acabado a simple vista es más estético.

No se recomienda el uso de niveles de burbuja, ya que, al usar toda su superficie para medir el nivel, una irregularidad en el metal o suciedad pueden falsear la medida y hacer que se coloque la regla desaplomada.

Si se va a colocar un guardavivo para la protección de la esquina durante su vida útil, se suele hacer primero la arista de forma que fragüe la mezcla mientras se aplica el enfoscado.

Así se consigue que el guardavivo quede fuertemente sujeto y no se mueva por la presión al aplicar la mezcla tanto con la llana como con el raseado.

Guardavivo colocado en revestimiento de yeso

Si no se va a colocar el mencionado guardavivo, realizar la arista o no es a elección del profesional, si bien, al no ser recomendable usar la regla como guía para el raseado, puesto que se puede mover por la presión, dejar la arista hecha puede ser de ayuda.

Sabía que...

Se llaman miras a las reglas graduadas que sirven para tomar medidas verticales como en la topografía.

También se llaman así a las reglas que se usan para construir un muro (como el caso que se recoge en este apartado).

Actividades

9. ¿Está bien situada la regla de la figura? Justifique por qué.

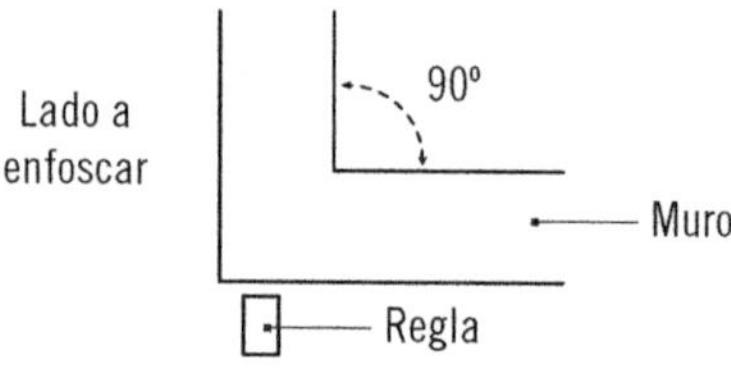

5.2. Proyección de la masa

Una de las formas de adherir el mortero al elemento constructivo (se hablará de paramento o pared por ser lo más habitual) es proyectarlo con firmeza para que quede pegado.

Existen máquinas que realizan este trabajo, dejando que el enfoscador simplemente vaya “apuntando” con la manguera del equipo para ir repartiendo el material por la pared e ir cubriéndola para su posterior raseado con la regla.

En estas máquinas se va vertiendo el mortero premezclado o no, según las indicaciones del fabricante de la herramienta concreta que se use y, con una conexión de agua para hacer la mezcla, se va “lanzando” el mortero al área de la pared a trabajar, cubriéndola por completo y con el espesor deseado.

Máquina para proyectar mortero. En la zona de la rejilla se va vertiendo el mortero y la arena y, mediante unas mangueras, se va proyectando a la pared.

Dada la mayor técnica que requiere la proyección manual con la paleta, y dadas sus frecuentes aplicaciones para pequeñas superficies, en este apartado se explicará también la proyección por este medio.

En cualquier caso, las cantidades de mortero que se pueden manejar con la paleta son bajas, por lo que para enfoscar grandes superficies con premura no es muy aconsejable.

Antes de empezar con el trabajo (y también al terminar) es importante, tal y como se ha indicado, limpiar las herramientas. Si es de prever que la limpieza lleve algo de tiempo, plantéese si debe esperar a realizar esta labor antes de preparar el mortero.

En el momento de comenzar a enfoscar, se aconseja comenzar en primer lugar la parte de arriba, ya que si se comienza desde abajo, una vez lleguemos a la parte superior, al realizar la maniobra de enfoscado, se le podría caer mezcla y echar a perder el trabajo ya realizado, de esta manera se iría realizando el enfoscado y queda listo, ahorrándose trabajos extras.

La proyección manual del mortero se suele realizar con la paleta o palustre, tomando cantidades proporcionales al espesor final que se necesite del recipiente donde esté el mortero.

Importante

Para realizar este trabajo de forma eficaz se debe tener al alcance de la mano los elementos necesarios como son: paleta, mortero, agua y regla para rasear.

Es bueno tener cerca también la llana para aquellas zonas donde se deba extender el mortero en lugar de proyectar e incluso para extenderlo una vez proyectado, dándole el acabado final donde no se pueda con la regla o no sea necesario.

Si bien el proceso de proyección ha de hacerse con cierta rapidez, es bueno ir corrigiendo sobre la marcha aquellos "pegotes" más gruesos de lo necesario. La idea es ir aproximando el resultado de la proyección al resultado final a falta del raseado.

La cogida y proyectado del mortero son movimientos similares realizados principalmente con la muñeca, si bien en el proyectado se orientará el movimiento hacia arriba o hacia el lado del movimiento del brazo para que el "pegote" se extienda.

Se trata, para coger el material, de un movimiento similar a como si se quisiera clavar el filo de la hoja de la paleta en el mortero, dejando la muñeca libre como si se diera un pequeño "latigazo".

En la proyección se acompaña un poco más con el brazo, orientando la mezcla hacia la pared y dejando ir un poco la mano para lograr el extendido cuando el "pegote" impacte en la pared. Todo ello desde una distancia aproximada de unos 25 cm.

Para esta operación se aconseja situarse perpendicular al paramento. El brazo con el que se proyecta el mortero será el más alejado de la pared.

En las imágenes siguientes se ilustra el proyectado con el brazo más cercano a la pared. Realmente la postura a adoptar debe ser la más cómoda y con la que se pueda realizar el trabajo mejor.

Movimiento inicial de lanzamiento del mortero

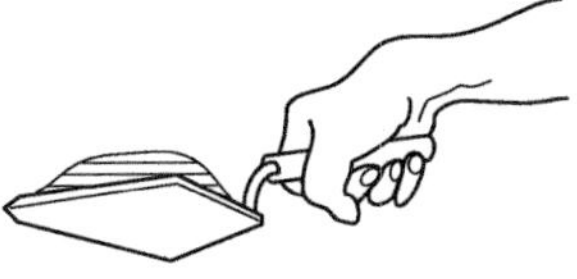

Movimiento final de proyección del mortero

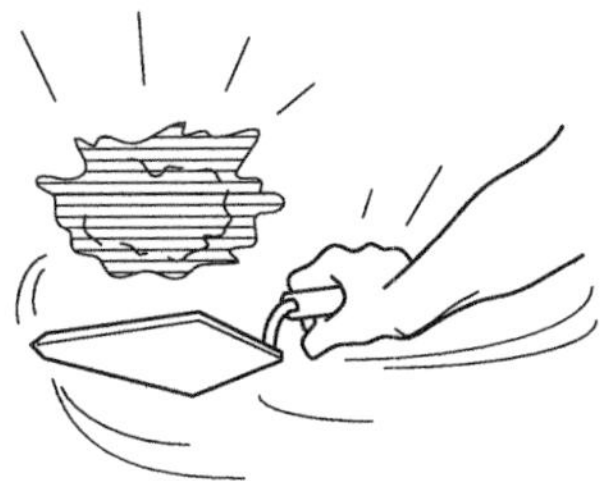

La extensión a cubrir de mortero dependerá de la medida del elemento a enfoscar, de la cantidad de mortero que tenga preparada y del modo en que vaya a realizar el extendido y raseado.

Debe considerar que cuanto más deje secar el mortero, más difícil le resultará después rasearlo y por tanto más irregular será el resultado.

También dependerá de su alcance el área de proyección del mortero, por ejemplo, en cualquier pared podrá proyectar hasta la altura donde alcance con los brazos y luego continuará con el resto de la altura cuando monte el andamio necesario.

Será la práctica y su habilidad las que definan las áreas en las que proyectar mortero.

Las operaciones son finalmente:

- Acercar la cubeta de mezcla y las herramientas a la zona de trabajo.
- Situarse con el cuerpo perpendicular al paramento.

- Tomar el mortero bien directamente de la espuerta o bien verterlo sobre una llana para cogerlo desde ahí con la paleta al proyectar (en este caso se suele usar una llana más grande llamada **talocha**).
- Ir proyectando con firmeza el mortero y con un espesor próximo al final deseado, cubriendo toda la superficie de forma aproximadamente uniforme sin dejar huecos o zonas sin cubrir.

Actividades

10. ¿Qué posición se adoptaría para proyectar el mortero? Ensayar con una pared e indicar si se proyectaría el mortero con la mano más cercana o con la más lejana. Indicar por qué se ha elegido esa posición.
11. ¿Desde qué distancia se proyecta el mortero con la paleta?

5.3. Extendido

El extendido es una técnica que permite la aplicación de mayor cantidad de material que el proyectado manual con la paleta y en mayor extensión, invirtiendo por tanto menos tiempo.

Para pequeñas superficies también se puede extender e incluso rasear con la llana el mortero ya proyectado con la paleta, aunque en este apartado se recogerá el extendido directo con llana para su posterior raseado con regla, que es más adecuado para grandes superficies a falta de medios mecánicos.

Así pues, para el caso del extendido que se realiza con la llana, se pueden revestir superficies mayores que con el proyectado manual con paleta, ya que sobre ella se puede depositar mayor cantidad de mortero y cubre una extensión razonable.

Esta forma de aplicar el mortero es especialmente favorable para aplicar mortero en techos.

La llana más aconsejable es la de acero inoxidable de 1 mm de espesor ya que, al flexionarse levemente, permite controlar mejor el espesor de mortero resultante. Por otro lado, su superficie lisa favorece el deslizamiento.

Se tratará pues de verter, con la paleta y sobre la cara inferior de la llana, el mortero en el ancho de la propia llana y de la mitad hacia abajo de dicha cara de la herramienta, para luego aplicarlo en la pared, de abajo hacia arriba, con el lado superior de la llana inclinado hacia fuera de la pared y con una ligera presión que irá dejando el espesor de mortero deseado.

Así se irán haciendo "tiras" de abajo hacia arriba a lo largo de la pared a enfoscar.

Si la extensión de la pared no es grande y el acabado no requiere de gran planeidad o se puede lograr la planeidad necesaria por tener referencias cercanas, el raseado se puede hacer con la propia llana. Aunque, como se ha venido diciendo, para grandes extensiones y mayor precisión de planeidad en la medida que la técnica a buena vista lo permita, es más recomendable el raseado con regla.

Importante

Siempre que se aplique mortero es importante ir recuperando el sobrante que quede en las herramientas y el que se recoja de retoques durante la aplicación.

Todo el material que no se aproveche, y que esté en condiciones para ser aprovechado, es un desperdicio innecesario.

Una excesiva presión con la llana puede producir acumulación de agua en la superficie e influir en el posterior fraguado, así como dejar marcas de la propia llana que sean después difíciles de eliminar con el raseado.

Extendido con llana

Las operaciones son finalmente:

- Acercar el mortero y las herramientas a la zona de trabajo para tenerlas a mano y no realizar desplazamientos que le hagan perder tiempo.
- Depositar el mortero en la llana, a modo de "bandeja", con la paleta.
- Extender el mortero presionando con firmeza de abajo hacia arriba inclinando la parte alta de la llana hacia fuera de la pared y dejando pasar por la parte baja de la llana el grosor de mortero deseado.

Actividades

12. ¿Qué ocurre si se presiona el mortero demasiado con la llana?
13. ¿Se puede hacer con la llana algo más que el extendido?

5.4. Raseado

Aplicado el mortero en la superficie que se va a enfoscar, la siguiente operación será alisarlo (o pañearlo, o rasearlo), dejando el espesor deseado a la espera ya de su fraguado, pudiendo ser este el acabado final o servir, como ya es sabido, para posteriores revestimientos.

Nota

A la superficie de un enfoscado se le pueden realizar ciertas operaciones superficiales para lograr varios tipos de acabado superficial, que son:

- Rugoso: el que deja el propio paso de la regla al rasear.
- Fratasado: pasando por la superficie endurecida pero aún fresca un fratás (herramienta similar a la llana).
- Bruñido: se aplica con la llana, y sobre la superficie aún no endurecida, una pasta de cemento tapando poros e irregularidades y dejando la superficie muy lisa.

La operación de alisado se puede realizar, según se ha visto en el apartado anterior, con la llana según el tamaño de la superficie, siendo esta última herramienta especialmente útil para el enfoscado de techos.

Dada la gran superficie y la altura de techo, el raseado se ha podido realizar con una regla.

Sin embargo, para grandes superficies o grandes extendidos de mortero se emplea una regla para rasear, logrando así alisar una mayor área del mortero aplicado para su posterior fraguado.

La regla se emplea con muchísima frecuencia ya que, además de permitir una cierta facilidad para dar el alisado a la superficie y regular el espesor final, abarca mayor superficie que la llana (tanta como longitud tenga la regla), si bien no se recomienda usar reglas mucho mayores de un metro.

Es lógico pensar que a mayor medida de la regla, mayor esfuerzo se hará en el raseado y menor precisión se logrará con respecto al espesor final.

Recuerde

La regla es una barra de perfil cuadrado o rectangular, habitualmente de metal.

Suelen ser perfiles huecos para aligerar su peso y su precio.

La operación consiste pues en pasar la regla de abajo hacia arriba, con firmeza pero sin excesiva presión, y con pequeños movimientos laterales que permitirán ir controlando el alisado y planeidad resultante así como el espesor final.

Según se pase la regla, se irá retirando material sobrante, que irá quedando sobre la misma, siendo muy importante tal y como ya se ha comentado, recuperar dicho material, siempre que esté en condiciones de ser aprovechado.

Esta operación es más cómoda llevando la regla inclinada levemente hacia un lado, y se favorece así la recuperación de material. Antes de que se caiga el material sobrante de la regla al suelo, esta se vuelca sobre la cubeta dando una sacudida para que el material que quede sobre ella se recupere.

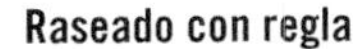

Raseado con regla

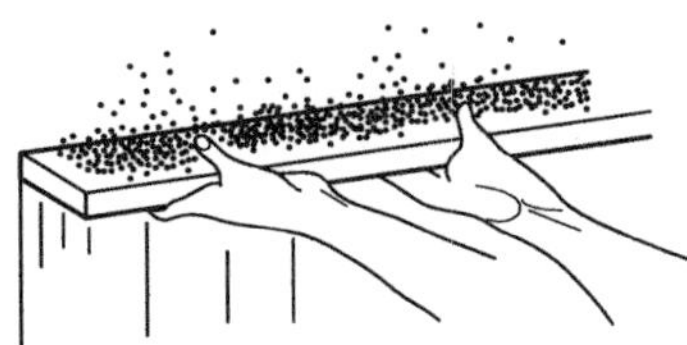

Puesto que el raseado se realiza, como muy tarde, pocos minutos después de haber proyectado o extendido la mezcla para que aún esté fresca y permita su manipulación, es recomendable ir haciendo áreas en las que dé tiempo a extender el mortero y después a rasearlo.

Áreas de proyectado o extendido muy grandes pueden dificultar después su raseado al estar el mortero más seco y pastoso. Esta área se determina a partir de la experiencia y conociendo la rapidez con la que uno puede rasear con la calidad necesaria.

Aplicación práctica

Entre el proyectado manual con paleta y el extendido con llana, indique qué técnica de aplicación de mortero elegiría para comenzar a enfoscar y si consideraría colocar alguna regla en los siguientes casos:

a. **Un hueco de una puerta cerrado con obra.**
b. **Un desconchado en una pared.**
c. **Un arriate para plantas en el suelo de un jardín.**

SOLUCIÓN

a. Se puede usar tanto la proyección con paleta como el extendido con llana ya que, no siendo una superficie grande, tiene dimensiones que permiten el trabajo con ambas herramientas.
   Suponiendo que los laterales de las puertas tienen un revestimiento acabado y dando por hecho que será un enfoscado más una pequeña capa de pintura o similar, la paleta presenta la ventaja de poder dar un grueso mayor que con el extendido, ya que el extendido requiere de cierta presión de aplicación.

Continúa en página siguiente >>

<< Viene de página anterior

El raseado con regla daría la presión necesaria y recogería el material sobrante para su aprovechamiento además de tener la ventaja de las paredes laterales como guía y por tanto no necesitaría colocar reglas para hacer aristas.

b. Un desconchado en una pared se puede enfoscar con la paleta, aunque siendo muy grande, la llana puede servir para la aplicación, extendido y raseado.
   Salvo que el desconchado esté en una esquina, el uso de reglas no tiene sentido. Incluso si el desconchado es pequeño, con un poco de habilidad tampoco necesita la regla para hacer la arista.
c. En un arriate, debido a su poca altura, la proyección es más cómoda y precisa con paleta. Aquí sí tendría sentido hacer las esquinas usando reglas.

5.5. Llagueado de juntas propias

En los enfoscados exteriores vistos se recomienda que se realicen llagas, evitando así agrietamientos, en recuadros de lados no mayores de tres metros.

Como es natural, estas juntas o llagas hay que llaguearlas para completar el trabajo y para ello deberá esperar a que el enfoscado esté en condiciones de recibir de nuevo mortero fresco, sin que esto afecte al fraguado y produzca cambios en las propiedades del revestimiento (considerando también que el mortero ya aplicado no dificulte el trabajo).

Recuerde

Cuando el tiempo es caluroso se debe ir regando el soporte según se va avanzando con el enfoscado para evitar que se haya secado cuando se llegue a esa zona e incluso que se haya calentado el paramento demasiado.

Es pues razonable que las juntas se rellenen cuando el mortero esté duro y seco, de forma que el que ya esté aplicado no "robe" agua al que se aplique a las juntas.

Por supuesto, hay que operar como con cualquier otro enfoscado y no hay que olvidar limpiar y humedecer la junta antes de enfoscarla.

Es importante considerar también otras juntas o uniones:

- Se deben respetar las juntas estructurales del edificio, como por ejemplo las juntas de dilatación.
- En los encuentros entre fachada y techo, se enfoscará el techo en primer lugar.
- En los encuentros entre elementos constructivos de distinta naturaleza, como puede ser un tabique y un pilar de hormigón, se situará una tela metálica que cubra completamente la discontinuidad del soporte (por ejemplo toda la altura de unión entre un pilar y una pared de ladrillo). Esta tela estará tensa y fijada con un solape mínimo de 10 cm, enfoscándose sobre ella.
  De este modo se permite que el mortero soporte las dilataciones distintas de cada material.
  Actualmente existen en el mercado otras mallas o rejillas para este fin, pero de material distinto a las telas metálicas.

5.6. Empalme

Normalmente se debe planificar el trabajo en general y, en el caso particular de los enfoscados, lo ideal es planificar el trabajo para que el final de la jornada coincida con el final de un paramento o un tajo.

Cabe pensar que el tener que realizar una tarea necesariamente para poder continuar un trabajo anterior conlleva un tiempo que se ahorra dejando los tajos terminados, lo que es un buen motivo para planificar el trabajo adecuadamente.

Pero teniendo en cuenta que no siempre será posible, hay que considerar la forma correcta de actuar frente a un tajo a medias para mantener así la calidad constructiva y estética que se exige, junto con la conservación de las propiedades que se esperan del enfoscado.

Independientemente del modo de enrasado (con regla o con llana), lógicamente el lado exterior de la franja en que se esté aplicando el mortero, ni tendrá un acabado uniforme ni un espesor constante.

Esto implica que al comienzo de la siguiente jornada, al tener que continuar el trabajo, se tendrá una capa de mortero de espesor irregular y posiblemente con una adherencia baja.

De aquí se comprende que habrá que acondicionar el final del enfoscado anterior para poder seguir garantizando el espesor, planeidad y adherencia necesarias.

El enfoscado superior, que se encuentra ya raseado, tiene un acabado irregular y por tanto un espesor irregular.

La operación de empalme consiste en "recortar" o sanear, con martillo y cincel o cualquier otro medio adecuado y que no destroce más de lo necesario, unos centímetros del borde del enfoscado de forma que se tenga un filo aproximadamente regular y de espesor adecuado.

Una vez hecho el recorte y tras limpiar y humedecer, se continúa enfoscando desde ese filo, garantizando así que se mantiene el mismo espesor y planeidad.

Incluso, para el primer tendido después de recortar, el lado recortado sirve de apoyo para el raseo.

Esquema del perfil del final de un enfoscado sin acabar visto desde arriba

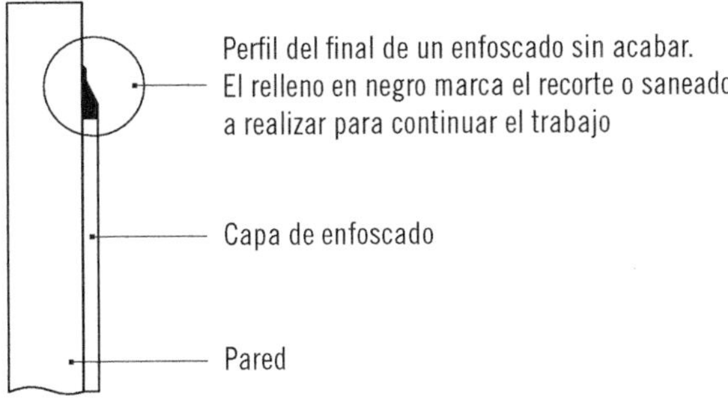

Actividades

14. ¿Qué se debe hacer con el mortero que se va recogiendo sobre la regla según se rasea?
15. ¿Qué se debe hacer con el borde de un enfoscado no acabado a partir del cual debe continuar enfoscando?

5.7. Curado

El curado es el tratamiento del mortero una vez aplicado para mantener húmeda su superficie.

De esta manera se evita la evaporación del agua del amasado con mayor rapidez de la necesaria, suavizando la retracción del material y evitando el agrietamiento.

Nota

La retracción consiste en una pérdida de volumen del mortero al perder agua por evaporación.

Cabe pensar que el curado será distinto dependiendo de las condiciones ambientales y de si el enfoscado es interior o exterior.

Existen actualmente productos que se aplican sobre el mortero recién raseado y que forman una película superficial que impide la evaporación del agua.

Se recomienda que, en condiciones normales, se humedezca la superficie a las 24 horas hasta que el mortero haya fraguado y durante los treinta días siguientes a la aplicación del enfoscado. En verano, dependiendo del calor, puede ser recomendable regar el enfoscado dos veces al día.

El riego debe ser suave para que el enfoscado absorba agua, evitando que gotee por exceso de agua.

Aplicación práctica

Se encuentra enfoscando una pared exterior de grandes dimensiones y, llegando al final de la jornada, le quedarán aún varios metros cuadrados por enfoscar. Tiene mortero preparado para trabajar el rato que queda y no da tiempo a preparar una cantidad que vaya a poder aprovechar en lo que queda de día.

¿Qué tareas tendrá que realizar y cómo las ordenaría durante el siguiente día de trabajo?

Considere que a lo largo de la mañana siguiente termina de enfoscar toda la pared y le espera más trabajo en esa misma obra.

Continúa en página siguiente >>

<< Viene de página anterior

SOLUCIÓN

El dato de una gran pared exterior lleva a pensar que ha ido dejando llagas para evitar fisuras por retracción y que cuando regrese al día siguiente habrá una parte del enfoscado que tendrá más de 24 horas.

Las tareas a realizar serán sanear el borde del último tendido de enfoscado, enfoscar las juntas y humedecer las partes que vayan a empezar el curado. Así pues, el orden dependerá de lo que encuentre al día siguiente.

Si el secado del último tendido lo permite, podría empezar preparando el empalme saneando el borde del último tendido y limpiando la pared para poder continuar.

Después, antes de humedecer el empalme, podría humedecer la zona que ya lleva 24 horas enfoscada para que haga su curado.

Hecho esto, el paso siguiente podría ser, tras preparar el mortero para continuar, enfoscar las juntas de las partes más secas y que ha humedecido para el curado.

Y ahora es cuando puede humedecer el empalme y la parte de la pared que le queda por enfoscar y continuar enfoscando.

Puesto que en unas horas habrá acabado, la siguiente tarea será humedecer las partes de la pared para las que ya han pasado 24 horas y, de nuevo, enfoscar las juntas que haya, siempre recordando que deben estar duras y secas aunque tenga que humedecerlas para enfoscar.

En definitiva, se trata de ir ordenando tareas para ir dando tiempo a que todo esté seco y duro y permita ir rematando tajos.

---

6. Control de ejecución de enfoscados

El control de ejecución consistirá en cumplir o hacer que se cumplan las condiciones y especificaciones necesarias para garantizar la calidad y el logro de las propiedades requeridas del revestimiento, en este caso, del enfoscado a buena vista.

Es pues muy importante conocer las condiciones de ejecución exigibles tanto para controlar nuestra propia ejecución como para saber qué aspectos del trabajo se suelen controlar, ya que de estas verificaciones depende que se acepte el trabajo dándose por bueno, evitando que incluso se tenga que deshacer para repetirse.

Los primeros puntos a controlar son:

- El material a emplear, definido en el proyecto y del que, si usted es quien debe aportarlo, debe asegurarse de que es el solicitado.
- Las condiciones de la superficie son adecuadas (limpia y humedecida).
- La dosificación adecuada es otro punto que puede ser controlado, ya que de esta dependen muchas propiedades del mortero y por tanto del enfoscado.
- Controlar la hora de amasado puesto que se suele establecer que no se use a partir de las dos horas después de haber sido amasado.
- Acabado distinto del recogido o acordado en las condiciones técnicas del trabajo.
- Ejecución de esquinas.
- En las uniones de los enfoscados, supervisar la realización del fratasado, para que no queden posibles grietas.

Además de estos puntos, otros aspectos a controlar serán las condiciones y cuidados ya mencionados en los distintos apartados de ejecución y que se relacionarán en los próximos puntos.

6.1. Espesor

No es recomendable enfoscados de espesor mayor de 15 mm.

Nota

De ser necesario, se realizarán en capas sucesivas no superando ninguna de ellas dicho espesor.

Como se ha dicho anteriormente, un mayor espesor puede dar problemas de adherencia y de secado, perdiéndose así las propiedades deseadas e incluso pudiendo venirse abajo el revestimiento.

Esquema del espesor de un enfoscado

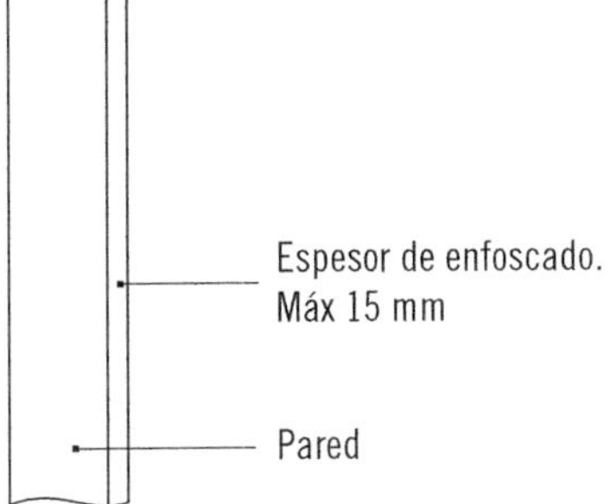

Si bien no son obligatorias, las normas tecnológicas de la construcción sugieren que se controle el espesor cada cien metros cuadrados en paredes y cada cincuenta en techos enfoscados sin maestrear junto a las comprobaciones de planeidad y acabado.

Aun no siendo unas normas obligatorias e incluso algo antiguas, a falta de otra referencia u obligación legal, se suelen tener bastante en cuenta a la hora de considerar las condiciones de un buen trabajo.

6.2. Distancia entre juntas propias

En enfoscados exteriores vistos se realizará un llagueado en recuadros de 3 m de lado como máximo.

Este llagueado se sugiere para evitar fisuras y otro tipo de defectos, ya que una gran área expuesta al sol directo es posible que se seque de forma irregular o más rápido de lo necesario aun teniendo las precauciones propias de un buen curado.

Por tanto, para reducir el área de secado, se realiza dicho llagueado formando bandas o cuadrados de tres por tres metros.

Como es natural, una vez seco el revestimiento habrá que realizar el relleno o tapado de las juntas para completar el trabajo si así lo requiere el cliente.

Las NTE (Normas Tecnológicas de la Construcción) no establecen controles en este sentido puesto que son las que mencionan los tres metros entre juntas como distancia máxima entre ellas, lo que hace que, por ejemplo, en el caso de un paño de 4 metros de ancho deba haber al menos una junta.

Sabía que...

Las juntas que se dejan en los revestimientos monocapa, tan frecuentes en las fachadas, cumplen funciones similares a las que hay que dejar en los enfoscados.

Por un lado evitan fisuras y por otro facilitan la aplicación.

También mejoran el aspecto estético, si bien en los monocapa se suelen hacer las juntas cada 2,20 m horizontales y entre 5 y 7 m las verticales.

6.3. Planeidad

En los enfoscados a buena vista, dada la mayor dificultad de lograr una buena regularidad en su aplicación, se recomienda que los defectos de planeidad no superen los 5 mm medidos con una regla de 1 m de largo. En los enfoscados maestreados el límite es de 3 mm medidos con una regla de 1 m. La NTE recomienda hacer un control de planeidad cada 100 m^2.

La planeidad se mide con una regla bien recta y con la plomada, ya que con el nivel de burbuja las lecturas pueden ser engañosas al poder verse influidas por cualquier resto de material que tenga la regla o incluso cualquier defecto de superficie o de forma aunque no salte a la vista.

Con este control se previenen defectos localizados de forma como abombamientos, zonas con espesores no adecuados y desplomes no admisibles.

6.4. Desplome

Si bien el desplome se debe en mayor medida al paramento, es frecuente tratar de compensar pequeños desplomes con la dosificación del espesor del enfoscado, regulándolo de forma que el acabado final esté más aplomado.

Puesto que no se recomiendan capas de enfoscado mayores de 15 mm, la compensación tampoco puede ser mucha salvo que se prevean varias capas de revestimiento de forma que se pueda corregir el desplome progresivamente.

En todo caso, grandes desplomes de una pared poco se pueden corregir, si bien la compensación necesaria será en función de las necesidades finales requeridas en el proyecto y que estarán relacionadas con nivel estético previsto.

Recuerde

El nivel de burbuja es una excelente herramienta para medir desplomes, pero hay que tener en cuenta que una irregularidad en la superficie, restos de mezcla o una simple piedrecita, pueden darle una lectura engañosa.

Para los desplomes se usará también la plomada, por los mismos motivos referidos anteriormente, pero esta vez desde más altura de medida y casi hasta el suelo, ya que el desplome se considera en toda la altura del paramento.

Actividades

16. Hacer una tabla con todos los puntos de control recogidos en este apartado y el parámetro a respetar. Breve y esquemático, como si se hiciera una lista de chequeo.

    Se adjuntan dos líneas como ejemplo; hacer tantas como se considere:

Material a emplear (si lo aporto yo)	Preguntar (tipo)
Superficie	Limpia y humedecida

6.5. Defectos de ejecución habituales: causas y efectos

Si bien las propiedades de impermeabilidad, resistencia, durabilidad y adherencia son las que se valoran para decidir (además de la estética) si se aplica un enfoscado, en la ejecución pueden aparecer defectos provenientes normalmente de las condiciones del soporte y de las condiciones y cuidados en su aplicación.

En este sentido los defectos más frecuentes son las fisuras y los desprendimientos.

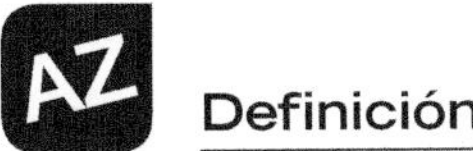

Grieta

En un elemento constructivo, se llama grieta a la abertura, hendidura o quiebra, alargada y estrecha, que aparece en todo el espesor del elemento constructivo.

Suelen ser más anchas que las fisuras.

Las fisuras son aperturas alargadas y superficiales que, por tanto, solo afectan al enfoscado y suelen aparecer debido a movimientos entre el soporte y el revestimiento.

No es raro hablar de movimientos en construcción, de hecho, las construcciones se mueven e incluso se diseñan para que así ocurra, si bien se trata de movimientos apenas apreciables para el ojo humano. Y como ejemplo se puede recurrir a uno de los movimientos más reconocibles y comprensibles que son los debidos a las diferentes dilataciones y contracciones de los materiales.

En cualquier obra hay gran variedad de materiales que tienen propiedades distintas y, como es natural, cada material se comporta de forma diferente frente al calor o el frío, de forma que, por ejemplo, un pilar de hormigón dilatará en distinta medida que una pared de ladrillo, y es por ello que cuando esta se encuentra conectada a aquel es necesario colocar una malla metálica, ya que por la diferencia de dilatación aparece un movimiento.

Seguidamente se analizarán las fisuras, desprendimientos y sus causas.

Fisuras

Estas aparecen debido a las diferencias de movimiento entre el revestimiento y su base, encontrando, según su forma:

- **Fisuras escalonadas:** son aquellas que tienen tramos rectos y quiebros en ángulo recto siguiendo la forma de las piezas que forman el soporte.

El enfoscado sobre esta parte de la pared hubiera acabado con una fisura.

El origen y solución de las fisuras escalonadas son:

- **Origen:** como fisuras se deben al movimiento relativo entre piezas de la pared (ladrillos por ejemplo), de ahí su forma. Pueden ser por un asiento de zonas de la pared en la junta de cemento.
- **Solución:** puesto que el problema viene del soporte, será este el que se tenga que estudiar y reparar. Posteriormente se repondrá el revestimiento.

Grieta escalonada. Las fisuras escalonadas tienen una forma similar.

- **Fisuras ramificadas:** se deben a una falta de adherencia que produce un movimiento relativo entre el soporte y revestimiento o entre sus capas. El origen y solución de las fisuras ramificadas son:
  - **Origen:** las manchas, eflorescencias o restos de yeso producen, en contacto con el cemento, un gran aumento de volumen y de ahí el movimiento y el defecto.
  - **Solución:** consiste en dar una capa de regularización, si bien se puede prevenir con una preparación adecuada del soporte en lo referente a limpieza.

Grieta escalonada. Las fisuras escalonadas tienen una forma similar.

- **Fisuras cuarteadas:** son más abiertas por la superficie que por el interior del enfoscado. Suelen tener los bordes ligeramente salientes. El origen y solución de las fisuras cuarteadas son:
    - **Origen:** suelen producirse por problemas en el secado, pudiendo deberse la falta de agua a demasiada absorción del soporte o a una excesiva evaporación por calor. Su causa es una retracción mayor de la prevista. También ocurre en mezclas ricas en cemento o con arenas con demasiada arcilla.
    - **Solución:** retirar el enfoscado en la zona problemática o dar una capa de regularización. Se previene con un buen curado mediante el riego según se ha explicado.

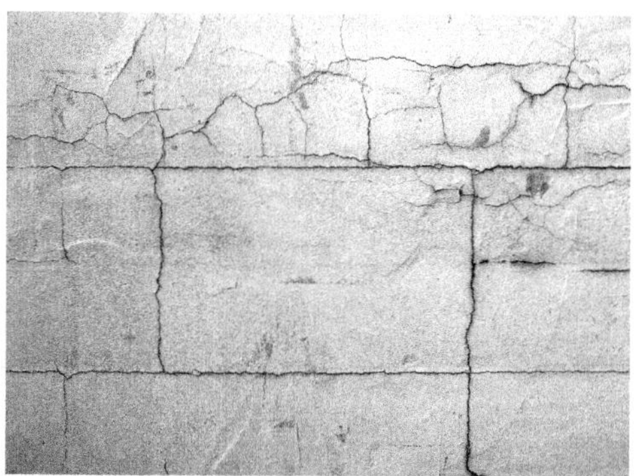

Fisura cuarteada

Recuerde

Realizar un enfoscado sobre una superficie limpia y correctamente humedecida, además de proyectar con energía y realizar la adecuada presión en el extendido y/o raseado, facilitarán una adecuada adherencia del mortero a la superficie reduciendo las posibilidades de que aparezcan fisuras.

17. ¿Cuáles son los tipos de fisuras según su forma?
18. ¿Qué causa las fisuras cuarteadas?

Desprendimientos

Son partes del revestimiento que se separan del soporte por los mismos motivos que las fisuras pero con mayor intensidad.

Es evidente que una parte de un enfoscado se desprende por falta de adherencia y esta se produce porque el soporte tiene una succión excesiva o deficiente de agua, aunque en algunos casos también puede deberse a la suciedad.

También se pueden producir desprendimientos debido a la ascensión del agua del terreno por capilaridad llevando sales diluidas. Al no poder salir al exterior por la pintura, se quedan entre las capas de enfoscado o entre este y la pared de ladrillo, produciendo el desprendimiento.

Recuerde

Los problemas de adherencia en superficies de hormigón liso se previenen picando superficialmente el mismo en toda la superficie a revestir.

El problema se previene bien usando morteros con una retención de agua mayor del 90 % o bien humedeciendo adecuadamente el soporte, enfoscándolo una vez que esté limpio e impermeabilizando las paredes respecto al terreno cuando estén en contacto.

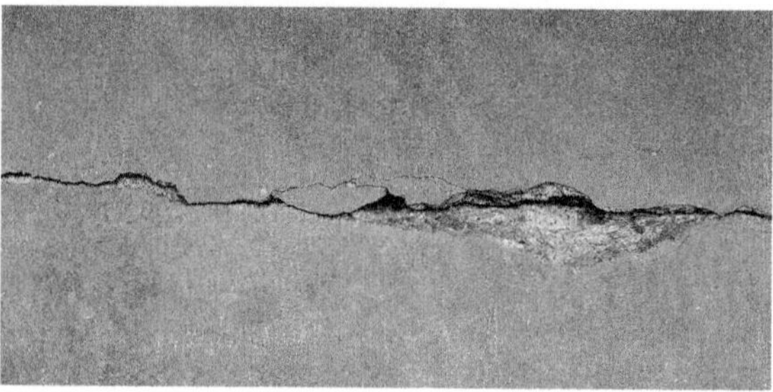

Desprendimiento de enfoscado

Actividades

19. Un enfoscador dice que ha enfoscado una pared y, por la prisa que le marcaba el plazo de entrega del trabajo, no pudo eliminar todos los restos de yeso que quedaban del revestimiento anterior. ¿Qué defectos se prevé que podrán aparecer?
20. ¿Cuáles son las causas de los desprendimientos? ¿Y de las fisuras ramificadas?

7. Factores de innovación tecnológica: materiales, técnicas y equipos innovadores de reciente implantación

Los revestimientos continuos conglomerados vienen siendo una práctica habitual y efectiva, desde hace milenios, ya que se sabe del uso del cemento, por ejemplo, en construcciones de la antigua Roma.

Es por esto y por la funcionalidad de un sistema tan antiguo por lo que no es habitual encontrar cambios radicales en materiales y técnicas e incluso se puede apreciar una cierta resistencia a las novedades, siendo los mayores cambios aquellos que suelen orientar hacia técnicas sustitutivas distintas de las conocidas.

Sin embargo, los avances tecnológicos no son ajenos a los métodos tradicionales y a los problemas que actualmente tiene la sociedad, por lo que no dejan de aparecer nuevos productos que mejoran las prestaciones y facilitan la aplicación de los enfoscados junto con herramientas que permiten un trabajo más cómodo y rápido.

Muchas de estas innovaciones se pueden encontrar con tan solo recurrir a proveedores especializados que asesoran sobre los productos necesarios y su uso según las necesidades y objetivos deseados.

En la actualidad tiene gran importancia, una correcta aplicación de los diferentes tipos de revestimientos, con el uso de la adecuada técnica y una buena elección en los materiales, ya que con todo ello, se consigue una gran eficiencia energética.

7.1. Innovación en materiales

En el mercado existen multitud de aditivos con una gran variedad de aplicaciones específicas; estos son: retardantes de fraguado, acelerantes del fraguado, plastificantes y reductores de agua, etc.

Por otro lado, ya se han extendido ampliamente los revestimientos monocapa dadas sus buenas propiedades para exterior y su facilidad y rapidez de aplicación junto a sus soluciones estéticas.

Visto lo dicho, cabe destacar soluciones más orientadas a la sostenibilidad ambiental, habida cuenta de la importancia que lógicamente ha cobrado tal cuestión en los últimos años, así como soluciones de eficiencia estructural buscando materiales ligeros y resistentes.

En este sentido existen ya morteros aligerados especialmente indicados para enfoscados debido a que, al estar realizados con cemento, arena, agua y un componente aligerante, no tienen la resistencia necesaria para aplicaciones estructurales, pero ofrecen grandes propiedades a nivel de habitabilidad puesto que son grandes aislantes térmicos y acústicos, reducen el riesgo de humedades y tienen menor transmisión de vibraciones.

Además reducen el peso de la construcción y su aplicación rápida ahorra costes.

Cabe destacar también, por el lado de la sostenibilidad ambiental, la reciente aparición de morteros que reducen la contaminación ambiental, que neutralizan el impacto de los óxidos de nitrógeno en el aire provenientes en su mayoría de las emisiones de los automóviles.

También se está trabajando en morteros cuyo aporte al medioambiente consiste en una menor emisión de CO_2 a la atmósfera en su fabricación, como son los cementos alcalinos elaborados mediante la activación alcalina de cenizas volantes procedentes de la combustión del carbón.

Sabía que...

Los beneficios para el medioambiente de muchos productos nuevos y de nuevos sistemas de producción de productos ya existentes se valoran mediante el cálculo del CO_2 que se deja de emitir a la atmósfera.

Estos nuevos conglomerantes suponen un gran cambio en el material base de los revestimientos ofreciendo, además de las ventajas medioambientales, un nuevo material más económico e incluso con propiedades que resuelven ciertos deficiencias del cemento portland tradicional.

7.2. Innovación en herramientas

Si bien el uso de máquinas para proyectar mortero no es una novedad, sus condiciones de uso las hacen especialmente útiles para grandes paramentos a enfoscar, aunque ya se encuentran ampliamente extendidas y no es raro encontrarlas en el mercado para compra, alquiler o como herramienta de empresarios que ofrecen el servicio de realización de revestimientos.

Pero más allá de esta herramienta tan útil, existen otras que aún no se encuentran tan extendidas y que también son muy útiles, aunque sus ventajas van orientadas a grandes aplicaciones puesto que, como se ha visto, el enfoscado es una tarea relativamente rápida, por lo que para pequeños trabajos es casi más incómodo preparar medios no manuales.

A pesar de ello, una herramienta de gran utilidad es la que se conoce como fratasadora mecánica o, según otros fabricantes, fratasadora eléctrica.

Como su propio nombre indica, se trata de un fratás que funciona mecánicamente. Dentro de sus aplicaciones también está el fratasado de pequeñas superficies de hormigón, ya que dispone de un complemento similar al conocido "helicóptero" usado ya en muchas obras que requieren acabados finos de hormigón como en garajes, etc.

Fratás eléctrico

Para pavimentos horizontales existen las llamadas reglas vibradoras, que si bien su uso está orientado al hormigón, también son válidas para suelos revestidos con mortero de cemento.

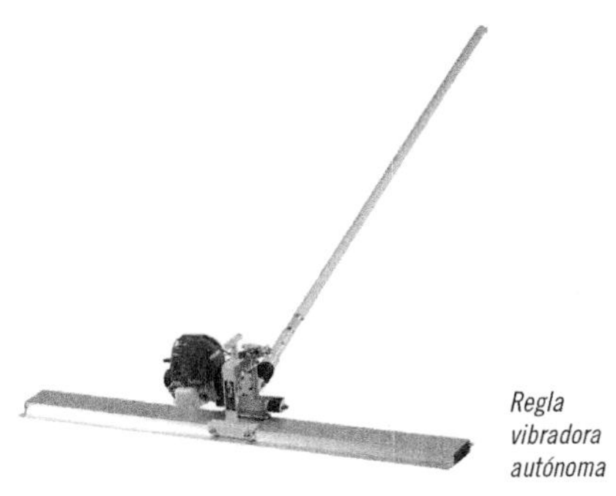

Regla vibradora autónoma

Es poco el tiempo que tardan en salir nuevos productos y herramientas que facilitan la labor de construcción, por lo que siempre es bueno estar al tanto de las novedades que surjan sin olvidar evaluar su utilidad y la recuperación de la inversión según los objetivos y metas del trabajo que se realice o los servicios que se ofrezcan.

Actividades

21. Sugerir varios medios y/o actividades que permitan acceder a información sobre innovaciones en los trabajos, medios y materiales de enfoscado.

8. Puesta en práctica de las medidas preventivas planificadas para ejecutar los trabajos de enfoscados "a buena vista" en condiciones de seguridad

Todo trabajo tiene que desarrollarse en condiciones de seguridad y, para ello, el empresario está obligado a elaborar un plan de seguridad y salud y a hacer que se cumpla, y el trabajador está obligado a cumplirlo.

La norma donde se encuentran recogidos los principios generales, relacionado con la seguridad en las obras de construcción es la Ley 31/1995, de 8 de noviembre, de Prevención de Riesgos Laborales.

Con un plan de seguridad lo que se consigue es conocer los riesgos existentes y eliminarlos o reducirlos mediante la planificación de medidas preventivas.

En las obras de construcción se debe cumplir esta condición desde su proyecto, ya que en este se incluye el estudio de seguridad y salud que recogerá una previsión de los peligros de la obra. Además los contratistas y subcontratistas que trabajen en ella deberán elaborar su plan de seguridad y salud considerando los peligros propios de esa obra según el estudio de seguridad y salud, también los que no estén recogidos y, por supuesto, los que estén asociados a su sistema de trabajo.

En lo referente a trabajadores autónomos, si tienen a personal contratado, estos tendrán las mismas obligaciones que una empresa en todo lo relacionado con la prevención de riesgos laborales, y aquel que trabaje solo por cuenta propia deberá informarse y adoptar las medidas preventivas del plan de seguridad elaborado por quien le contrate.

Sin embargo, el trabajo de enfoscado es muy similar en casi todas las obras, por lo que se recogerán en los siguientes apartados los riesgos y las medidas preventivas más usuales, aunque no debe olvidar informarse de las que se recojan en el plan se seguridad y salud.

Nota

Para cada obra en la que se vaya a trabajar hay que elaborar su propio plan de seguridad y salud.

Para una mejor comprensión se recogerán los riesgos y medidas preventivas divididos en: riesgos generales de la obra, riesgos de los materiales y equipos de trabajo y riesgos propios de la actividad y del uso de medios auxiliares.

8.1. Riesgos generales de las obras y medidas preventivas

En cualquier obra suelen trabajar muchas personas de distintos oficios y suele haber grandes cantidades de materiales acumulados hasta su uso, a lo que hay que añadir que muchos de los trabajos generan restos que se deberán ir retirando. Esto significa que en una obra hay que circular y actuar con precaución para no dañar a nadie ni resultar dañado.

Estas circunstancias generan los siguientes riesgos:

- Caídas al mismo y a distinto nivel.
- Caídas de objetos por desplome o derrumbamiento.
- Caídas de objetos desprendidos de las plantas, durante su transporte o izado o durante su manipulación.
- Pisadas sobre objetos y/o resbalones por humedad en el suelo.
- Proyección de fragmentos o partículas.
- Contactos eléctricos.
- Golpes contra objetos inmóviles.

Frente a estos riesgos las medidas preventivas a adoptar son, en general:

- Seguir las normas e instrucciones facilitadas por el promotor, la dirección facultativa y/o el coordinador de seguridad. Circular con atención y precaución por las distintas zonas de la obra.
- Respetar las señalizaciones de seguridad de la obra y las de tráfico donde circulen vehículos.
- Mantener limpias y ordenadas las superficies de tránsito y de trabajo.
- Extremar las precauciones cuando se trabaje y se circule por las proximidades de bordes, fosos y arquetas, altillos, plataformas de trabajo, etc., que se encuentren sin proteger. No sobrepasar con partes del cuerpo los límites de las barandillas.
- Los caminos de acceso serán adecuados al peso de las personas que circulen por él y, en su caso, de los materiales que se transporten.
- No subir ni bajar escaleras de forma precipitada ni con las manos en los bolsillos.
- Nunca retirar barandillas sin autorización y, teniendo la autorización, siempre volver a colocarlas una vez terminado el trabajo y siempre que no se vaya a estar presente.

Barandillas de protección frente a caídas al vacío

- Llevar casco y calzado de seguridad según las indicaciones del promotor, dirección facultativa y/o coordinador de seguridad o en todo momento que venga reflejado en el plan de seguridad y salud.
- Nunca pasar ni permanecer bajo cargas suspendidas.
- Las zonas de trabajo tendrán una iluminación suficiente.
- La iluminación en zonas con humedad y/o mediante portátiles se realizará mediante portalámparas estancos con mango aislante y rejilla de protección de la bombilla, alimentados a 24 V.
- Los cables y mangueras de alimentación eléctrica a equipos de trabajo estarán elevados o protegidos mecánicamente si van por el suelo. También estarán localizados y señalizados.
- Las conexiones de equipos a la corriente eléctrica se realizarán mediante clavijas macho-hembra.
- Se prestará especial atención y se extremarán las precauciones al trabajar o circular por zonas húmedas, embarradas, encharcadas, con derrames y/o con restos de materiales.

Ejemplo de señalización de seguridad en obras

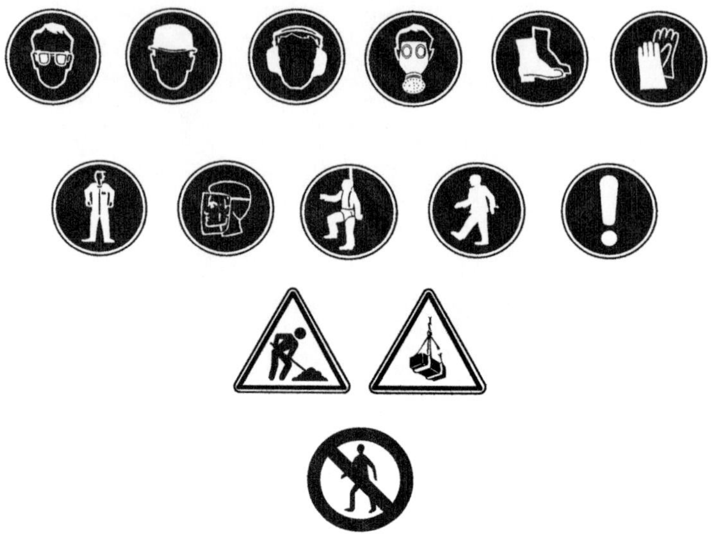

Actividades

22. Indique cuatro riesgos que se dan en general en las obras de construcción.
23. Indique cuatro medidas preventivas a tomar frente a los riesgos que se han dado como respuesta en la actividad anterior.

Aplicación práctica

Le encargan el enfoscado de ciertos paramentos situados en el sótano de una obra de construcción de un edificio de viviendas de grandes dimensiones, con un gran patio interior en el que se encuentra una grúa.

Teniendo en cuenta que el acceso al sótano está al otro lado del patio y que en el acceso a la obra hay un cartel igual al de la imagen anterior, ¿qué medidas preventivas debe considerar tanto en el acceso al tajo como para trabajar en el mismo?

Continúa en página siguiente >>

<< Viene de página anterior

SOLUCIÓN

Los riesgos que se pueden prever según el enunciado son:

Caídas de objetos: al ser un edificio de viviendas, habrá personas trabajando en plantas altas y cualquier grúa siempre conlleva el riesgo de una carga que se puede desprender.

Caídas al mismo y a distinto nivel: habrá que bajar unas escaleras hasta un sótano.

Pisadas sobre objetos y resbalones por humedad en el suelo: es muy común que cualquier obra, por limpia que esté, tenga piedras o algún escombro por el suelo así como zonas húmedas, dado que se trabaja mucho con agua.

Las medidas preventivas a tomar son:

En primer lugar, hacer caso del cartel y circular por la obra con casco y calzado de seguridad.

Circular por la obra con mucha atención a los peligros que le rodean, circular por las zonas señalizadas y, en su defecto, por zonas techadas. Además evitar pasar cerca de la grúa si es posible, y si no, esperar hasta que la misma no tenga carga izada.

Bajar al sótano atento a dónde pisa, sin correr y pedir iluminación adecuada si no la hay.

Hágase con iluminación, por ejemplo una lámpara portátil, lo más probable es que la necesite para poder ver bien el resultado de su trabajo.

Puesto que se sugiere el uso de una lámpara portátil, habrá que añadir el riesgo de contacto eléctrico, el cual se previene usando una lámpara adecuada y en buenas condiciones, usar clavijas homologadas y evitar conductores por el suelo, las humedades y manipulaciones incorrectas.

8.2. Riesgos asociados a los materiales y equipos de trabajo y medidas preventivas

El cemento usado para hacer el mortero puede generar problemas de piel si no se toman las precauciones adecuadas, asimismo, el trabajo con máquinas y herramientas también puede generar lesiones y accidentes.

Dicho esto, los riesgos asociados a los materiales y equipos de trabajo para la realización de enfoscados son:

- Dermatosis por contacto con el cemento.
- Golpes y cortes.
- Atrapamientos.
- Contactos eléctricos.

Para prevenir estos riesgos, las medidas preventivas a tomar son:

- Usar guantes adecuados cuando la piel vaya a entrar en contacto con el cemento o con el mortero (impermeables, neopreno, etc.).
- Usar guantes de protección durante la utilización de herramientas con filos cortantes, partes punzantes, así como durante los trabajos de golpeado y/o picado de superficies con martillos, etc.

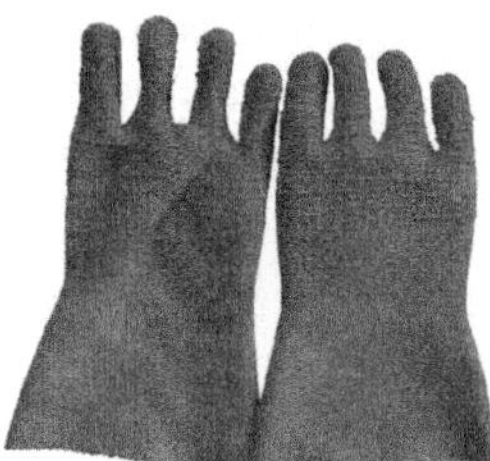

Guantes de protección frente al contacto con cemento. Algunos también protegen de cortes.

- Respetar las indicaciones de los manuales de la maquinaria que se utilice así como las señales de seguridad de la misma (se debe usar maquinaria con marcado CE y no retirar las señales de advertencia).
  Con el marcado CE en cualquier producto, así como en la placa de características de una máquina, el fabricante garantiza el cumplimiento de una serie de requisitos de calidad y seguridad.

Letras de marcado CE que deben aparecer en la placa de características de una máquina

- Nunca eliminar conexiones a tierra y conectar la maquinaria eléctrica en enchufes con toma de tierra. Evitar las conexiones que no se realicen mediante conectores homologados y preferiblemente estancos.

Clavijas industriales homologadas

- Nunca eliminar, quitar o inutilizar carcasas, rejillas o deflectores de protección así como *stops* de emergencia o contactos de seguridad de la maquinaria que se use. Si se necesita hacer cualquier operación que requiera manipular cualquier protección u operar con partes móviles y/o peligrosas, hacerlo con la máquina desconectada verificando que así lo está. La mejor forma de evitar peligro en la manipulación es desenchufando la máquina.
  Si esto no es posible, extremar las precauciones, trabajar en posición segura y con una zona de trabajo que permita apartarse en caso de peligro.

Stop de emergencia

- Las máquinas y herramientas se deben conservar y usar limpias y en buen estado de uso o funcionamiento.
- Las herramientas de mano serán las apropiadas para la operación a realizar y no tendrán defectos ni desgastes que dificulten su utilización. La unión entre sus elementos será firme, la dimensión de sus mangos adecuada y el material de los mismos no resbaladizo. Las partes cortantes o punzantes propias de su uso se mantendrán afiladas.
- El trabajo con herramientas, manuales o no, que puedan producir proyecciones de partículas, se realizará con gafas de protección.
- Cuando cualquier maquinaria se deba transportar con medios mecánicos, se asegurará adecuadamente su elevación y movimiento.
- En el caso de utilizar máquinas de proyectado, se asegurará que estas tienen sistema de reducción de ruidos, se acordonará una zona alrededor del compresor de 4 m, se utilizará protección auditiva cuando sea necesaria, se usarán mangueras sin deteriorar y se elevarán en los cruces sobre caminos de obra.
- Cuando se use máquinas para proyectar mortero, los trabajadores que las usen sobre andamios deberán usar cinturones de seguridad anclados a puntos seguros de anclaje.

Actividades

24. Indique tres riesgos asociados a los materiales y equipos de trabajo.
25. Indique tres medidas preventivas a adoptar frente a los riesgos que se dieron como respuesta a la actividad anterior.

Aplicación práctica

Relacione las medidas preventivas a adoptar para proyectar mortero manualmente y para proyectarlo con una máquina.

Continúa en página siguiente >>

<< Viene de página anterior

SOLUCIÓN

Puesto que la proyección manual del mortero se hace con la paleta (con la llana lo que se hace es extender), los riesgos que se tendrán son: contacto con cemento y posibilidad de proyección de partículas.

Las medidas preventivas a tomar, además de las que deba considerar por las circunstancias que rodeen el trabajo y el entorno, son: guantes para evitar cortes y el contacto de la piel con el cemento y gafas de protección para evitar salpicaduras y las posibles partículas proyectadas.

Para la proyección con una máquina deberá usar las mismas protecciones que para la proyección manual, pero además deberá tener en cuenta:

- Si la máquina emite un nivel de ruido que requiera protección.
- Situación y delimitación de una zona para evitar interrumpir el paso y que alguien pueda tropezar.
- Conservación de rejillas, protecciones, contactos de seguridad y mecanismos de emergencia.
- Conexión con clavija homologada con tierra.

8.3. Riesgos asociados a la actividad de los enfoscados y a los medios auxiliares comúnmente utilizados

Durante los trabajos de enfoscado es posible que se trabaje en el exterior, lo que conllevará la influencia de las condiciones atmosféricas.

Por otro lado, el enfoscado se suele aplicar en paredes y techos, por lo que será imprescindible, en la mayoría de los casos, recurrir a medios auxiliares que permitan acceder a lugares en altura, lo cual conlleva sus riesgos, y habrá que tener en cuenta que estos medios pueden estar cerca de zonas abiertas al exterior, lo cual es muy peligroso, si bien trabajar en altura es un peligro por sí mismo.

Nota

Hay que tener en cuenta que una caída, aunque sea de poca altura, puede causar daños considerables.

También será frecuente el movimiento de materiales de forma manual, siendo los sobreesfuerzos y las lesiones derivadas de la manipulación de cargas uno de los mayores focos de accidentes laborales en la actualidad, junto con las lesiones por movimientos bruscos y/o repetitivos, así como las malas posturas de trabajo.

Así pues, los riesgos propios de las actividades asociadas a la ejecución de enfoscados y del uso de medios auxiliares serán:

- Exposición a inclemencias del tiempo.
- Posturas forzadas, lesiones por movimientos en malas posturas y/o por movimientos repetitivos y lesiones por movimientos bruscos.
- Sobreesfuerzos.
- Golpes a terceros durante el transporte de herramientas.
- Caídas a distinto nivel.
- Caídas al vacío.
- Caídas por vuelco de la plataforma de trabajo, por rotura de la misma o por mala unión entre plataformas.

Las medidas preventivas a adoptar se relacionan a continuación, si bien, en el caso de las caídas, que en este caso se refieren a las que se puedan producir desde medios auxiliares (andamios, escaleras, etc.), se agruparán aparte, distinguiendo cada uno de los medios más frecuentes.

Las medidas son:

- Usar ropa de trabajo adecuada a las condiciones climatológicas y posponer la realización del trabajo si las condiciones atmosféricas impiden realizarlo de forma segura. En los trabajos en condiciones de mucho calor y exposición al sol, hidratarse adecuadamente y hacer descansos en zonas de sombra.

- En el levantamiento de cargas, apoyar los pies firmemente, separados el ancho de los hombros, mantener la espalda recta y levantar gradualmente concentrando el esfuerzo en las piernas.
- Nunca girar el cuerpo sosteniendo una carga, pedir ayuda para las cargas pesadas y tratar de usar medios auxiliares y/o mecánicos siempre que sea posible.
- Antes de elevar una carga, inspeccionar su peso aproximado, situación del centro de gravedad, si tiene bordes cortantes o partes punzantes (como clavos o astillas), estado del embalaje y estabilidad de la carga antes de soltarla.
- Procurar trabajar con espacio suficiente para hacer los movimientos propios de la actividad, siempre que sea posible buscar la postura más cómoda que permitan las condiciones y no pasar mucho tiempo en la misma postura. Se aconseja cambiar la forma de trabajo para evitar movimientos repetitivos o intercalar otras tareas que permitan hacer otros movimientos o descansar las partes del cuerpo afectadas.

  Existe una disciplina en prevención de riesgos laborales, la **ergonomía,** que se encarga, entre otras cosas, de estudiar la influencia de las malas posturas de trabajo y los movimientos repetitivos en la salud del trabajador.
- Cuando las reglas o tablones se transporten manualmente, se llevarán de forma que el extremo que va por delante esté a una altura mayor que la del casco de quien lo transporta.
- El transporte de reglas o tablones con carretillas se realizará atando firmemente la carga a la propia carretilla.

Las medidas preventivas generales a adoptar en relación a los medios auxiliares (andamios, borriquetas, etc.) son:

- Se prohíbe el uso de escaleras, bidones, pilas de materiales, etc., a modo de plataformas de trabajo (ver las precauciones de uso de borriquetas y otros medios auxiliares más adelante).
- Los andamios para enfoscado interior en las alturas usuales de trabajo se formarán sobre borriquetas.

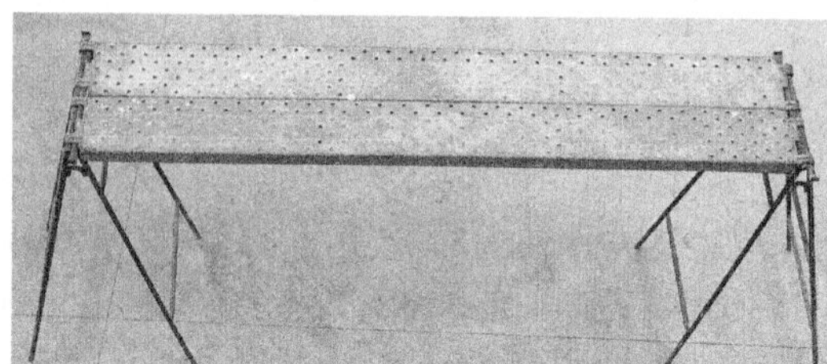

Borriqueta y andamio

- Las escaleras de mano solo deben usarse para el acceso a zonas de altura y no para trabajar sobre ellas, al igual que tampoco pueden usarse para la formación de andamios o superficies de trabajo.

Medidas preventivas a adoptar durante el uso de andamios de borriquetas (o caballetes):

- Las borriquetas se nivelarán perfectamente y las plataformas de trabajo se anclarán a ellas no sobresaliendo por los lados más de 30 cm. Para más de 3 m de longitud se usarán tres borriquetas, no apoyando la plataforma de trabajo en otros elementos que no sean los propios caballetes o borriquetas. La superficie de trabajo no tendrá ni escalones ni huecos.
- Sobre estos andamios se mantendrá el material estrictamente necesario.
- No se conformarán andamios de borriquetas sobre otros andamios.

Prácticas prohibidas con andamios de borriquetas

- Tendrán barandillas y rodapiés cuando se trabaje a más de 2 m de altura, se prohíbe el uso de estos andamios en balcones o terrazas sin protección contra caídas desde altura y se dispondrán elementos donde amarrar el cinturón de seguridad.
- Los elementos que conformen el andamio estarán en buen estado de conservación.

Recuerde

El cemento usado para hacer el mortero puede generar problemas de piel si no se toman las precauciones adecuadas.

Medidas preventivas a adoptar durante el uso de andamios metálicos sobre ruedas:

- Solo se pueden usar estos andamios cuando el suelo sea lo suficientemente firme y se trabajará sobre ellos con las ruedas inmovilizadas.
- Sus traslados se harán sin personas ni materiales sobre ellos.
- No se elaborarán pastas sobre los andamios para evitar resbalones.

- Los materiales de trabajo se subirán de forma segura y se repartirán uniformemente para no concentrar grandes pesos en un solo punto.

Andamios metálicos sobre ruedas

Actividades

26. Relacione tres riesgos propios de la actividad de enfoscado y sus medios auxiliares.
27. Indique dos medidas preventivas a tomar frente a los riesgos de los tipos de andamios vistos hasta ahora.

Medidas preventivas a adoptar durante el uso de andamios metálicos tubulares europeos:

- Estos andamios se montan a raíz de un proyecto realizado específicamente para la obra, por lo que cualquier modificación del mismo para poder acceder a una zona de trabajo, deberá realizarla personal cualificado específicamente para ello.

- Se prohíbe el trabajo sobre las plataformas de la coronación de estos andamios si antes no se han instalado barandillas sólidas a 90 cm de altura compuestas por pasamanos, barra intermedia y rodapié.
- Serán de aplicación los dos últimos puntos del apartado anterior referente a andamios sobre ruedas.
- No se arrojarán escombros desde los andamios, no se correrá por las plataformas y el paso al interior del edificio se hará mediante pasarelas instaladas para ello.

Andamios tubulares

Recuerde

Uno de los mayores focos de accidentes laborales en la actualidad son los sobreesfuerzos y las lesiones derivadas de la manipulación de cargas, junto con las lesiones por movimientos bruscos y/o repetitivos, así como las malas posturas de trabajo.

Medidas preventivas a adoptar durante el uso de andamios colgados:

- Estos andamios se instalarán por personal conocedor del sistema correcto de montaje y dirigido por un especialista.
- Los cables de sustentación tendrán longitud suficiente para descender totalmente hasta el suelo en cualquier momento. Se desecharán los cables con hilos rotos.
- Estos andamios no se dejarán suspendidos al acabar la jornada.
- No se podrán unir varias barquillas o góndolas para formar andamiadas mayores de 8 m de longitud, y las que se unan se harán mediante las articulaciones con cierres de seguridad apropiadas para el modelo.
- Se prohíben las pasarelas de tablones entre barquillas.
- Las andamiadas colgadas permanecerán niveladas y no se izarán o descenderán por una sola persona.
- Se evitará el paso de personas por debajo.

9. Resumen

En el presente capítulo se ha tratado el enfoscado a buena vista como el enfoscado en el que el aplomado se consigue mediante la práctica y el buen hacer del enfoscador, pudiendo lograrse resultados muy buenos.

Se considera que un enfoscado a buena vista está aplomado cuando no hay un defecto de planeidad mayor de 5 mm medido con una regla de un metro.

También se recomiendan espesores, condiciones de trabajo y de realización del mismo, además de las mezclas y su dosificación más común.

Una importante recomendación que se hace en el capítulo es que, cuando se van a realizar enfoscados, para la preparación del mortero, hay que considerar la cantidad de trabajo a realizar y si se cuenta con medios mecánicos para el amasado y/o la proyección así como el lugar donde se va a preparar y los medios disponibles para su transporte al tajo.

Otro asunto tratado es considerar la idoneidad del soporte para enfoscar, valorando la estabilidad, resistencia, estanqueidad, la temperatura de aplicación, las condiciones ambientales en exterior, y la humedad del soporte para que el enfoscado se realice correctamente, no aparezcan defectos y se consigan las propiedades necesarias del revestimiento.

Sin olvidar lo importante de trabajar en un soporte limpio, se entra en la ejecución detallando las operaciones de colocación de las reglas para hacer las esquinas, proyección del mortero, extensión del mismo, raseado con la regla, llagueado de juntas, curado, etc.

Incluso se tratan los controles necesarios para garantizar la calidad así como los defectos de ejecución más frecuentes.

Por último, el presente capítulo ha dado algunas pautas sobre la innovación actual en el sector y ha dedicado su último apartado a la seguridad y salud en el trabajo, tratando de colaborar en la convicción de que se puede trabajar sin accidentes ni daños.

Ejercicios de repaso y autoevaluación

1. Complete la siguiente oración.

No son aptas para enfoscar las superficies de __________ ni aquellas que tengan una __________ similar o __________, ya que, como recordará, los revestimientos que se dan en __________ lugar deben ser, al menos, __________ resistentes que los que se realicen sobre ellos.

2. Relacione las herramientas con las imágenes en las que aparecen.

1 2 3 4

__ Paleta.
__ Regla.
__ Llana.
__ Espuerta.

3. Indique si las frases siguientes son verdaderas o falsas.

a. Se aconseja que los enfoscados tengan más de 15 mm de espesor.

- ☐ Verdadero
- ☐ Falso

b. Un enfoscado a buena vista se considera suficientemente aplomado cuando no hay defecto de planeidad superior a 5 mm medido con una regla de un metro de largo.

- ☐ Verdadero
- ☐ Falso

c. Los materiales que conforman el mortero para enfoscar son básicamente cemento, arena y agua, mezclados en una proporción de entre 1:1 y 1:14 (cemento: arena).

- ☐ Verdadero
- ☐ Falso

4. Marque la respuesta correcta. La cantidad de mortero a preparar y el momento son...

a. ... tanto como sea posible y el día de antes.
b. ... la cantidad que se vaya a usar y en el momento de necesitarla.
c. ... pocas cantidades a horas concretas del día.

5. Cite cuáles son las condiciones previas adecuadas que debe tener el soporte para poder ser enfoscado.

____

____

6. Relacione los siguientes conceptos.

a. Soporte estable.
b. Soporte no estanco.
c. Soporte débil.
d. Temperatura normal.
e. Soporte resistente.
f. Soporte estanco.
g. Soporte con uniones secas.
h. Soporte inestable.
i. Temperatura extrema.
j. Soporte con uniones húmedas.

__ Se puede enfoscar.
__ No se puede enfoscar.

7. Marque el elemento que no corresponde. Las tareas propias de la ejecución de los enfoscados a buena vista son:

a. Colocación de reglas o miras.
b. Control de la planeidad.
c. Proyección de la masa.
d. Extendido.
e. Raseado.
f. Curado.

8. Relacione los siguientes elementos.

a. Colocación de reglas
b. Proyección de la masa
c. Extendido
d. Raseado
e. Empalme
f. Curado

__ Durante el mismo se riega la superficie a partir de las 24 horas y durante 30 días.
__ Se hace con la llana y es tanto una técnica de aplicación de mortero como de acondicionamiento o distribución del proyectado.
__ Se comprobarán ambos lados con la plomada después de cualquier movimiento de ajuste.
__ Se trata de recortar la parte del enfoscado que no tiene el espesor adecuado, saneándolo, y después limpiando y humedeciendo para seguir.
__ El mortero sobrante que queda encima se devolverá al recipiente.
__ Se lanza el mortero con firmeza para que quede bien adherido.

9. Marque la opción incorrecta.

a. Se debe limpiar las herramientas antes de ejecutar el enfoscado y también al terminar el trabajo.
b. El extendido se hace con la llana, cargándola de mortero con la paleta y presionando y deslizando de abajo hacia arriba con la llana inclinada hacia usted dejando salir por debajo el espesor deseado.

c. El raseado se hace con cualquier barra que encuentre y deslizando hacia arriba sin movimientos laterales, desechando el material sobrante.
d. Después de 24 h de haber enfoscado se debe humedecer el revestimiento.

10. Cite los principales puntos de control de ejecución de los enfoscados.

11. ¿Qué defecto de ejecución falta?

Fisuras escalonadas, desprendimientos, fisuras ramificadas y...

12. Indique la práctica de seguridad errónea cometida en la siguiente historia:

"Acudí como todos los días a mi puesto de trabajo en la obra donde me encuentro enfoscando el cerramiento exterior de un edificio.

Hoy, tal y como me pidió el encargado, estuve comprando material para el trabajo, por lo que llegué varias horas tarde y, cuando llegué, entré en el recinto y fui a coger mi casco y calzado de seguridad que guardo junto a la grúa.

Mientras me ponía el casco y el calzado, me di cuenta de que la grúa tenía mucho trabajo ya que no paraba de mover material por encima de mi cabeza.

Me puse mi cinturón anticaídas porque estoy enfoscando la parte alta del edificio desde la última plataforma del andamio, aunque ayer pusieron las barandillas de seguridad y terminé el tajo que tenía pendiente".

13. Marque los riesgos asociados a los materiales y equipos de trabajo de enfoscado de la relación:

- Riesgo de radiación.
- Riesgo de atrapamiento.
- Riesgo de lesión auditiva.
- Dermatosis.
- Caídas a distinto nivel.

- Golpes y cortes.
- Contactos eléctricos.

14. Se encuentra proyectando mortero con una máquina, cuando ve que cae un trozo de saco por la rejilla que puede causar una avería. ¿Qué haría?

a. Abriría la rejilla para sacar el trozo sin más.
b. Trataría de sacar el trozo de saco con un palo.
c. Pararía la máquina, la desenchufaría y entonces sacaría el trozo de saco.

15. Indique si las siguientes frases son verdaderas o falsas.

a. En el levantamiento de cargas, apoyar los pies firmemente, separados el ancho de hombros, mantener la espalda recta y levantar gradualmente concentrando el esfuerzo en las piernas.

- ☐ Verdadero
- ☐ Falso

b. Se prohíbe el uso de escaleras, bidones, pilas de materiales, etc., a modo de plataformas de trabajo.

- ☐ Verdadero
- ☐ Falso

c. Se conformarán andamios de borriquetas sobre otros andamios.

- ☐ Verdadero
- ☐ Falso

d. Los traslados de andamios metálicos sobre ruedas se harán sin personas ni materiales sobre ellos. Solo se pueden usar estos andamios cuando el suelo sea lo suficientemente firme y se trabajará sobre ellos con las ruedas inmovilizadas.

- ☐ Verdadero
- ☐ Falso

e. En los andamios tubulares europeos no se arrojarán escombros desde los andamios, no se correrá por las plataformas y el paso al interior del edificio se hará mediante pasarelas instaladas para ello.

 - ☐ Verdadero
 - ☐ Falso

Capítulo 3

Ejecución de guarnecidos "a buena vista"

Contenido

1. Introducción
2. Procesos y condiciones de ejecución de guarnecidos "a buena vista"
3. Suministro de materiales para guarnecidos
4. Condiciones previas del soporte a guarnecer: estabilidad, resistencia, estanqueidad, temperatura
5. Ejecución de guarnecidos a buena vista
6. Control de ejecución de los guarnecidos
7. Procesos y condiciones de manipulación y tratamiento de residuos
8. Factores de innovación tecnológica: materiales, técnicas y equipos innovadores de reciente implantación
9. Puesta en práctica de las medidas preventivas planificadas para ejecutar los trabajos de guarnecidos "a buena vista" en condiciones de seguridad
10. Resumen

1. Introducción

Como recordará, se llama guarnecido al revestimiento de yeso que se da a un elemento constructivo.

Será por tanto un guarnecido a buena vista el revestimiento de yeso que se da a un elemento constructivo sin la ayuda de maestras o guías que aseguren la planeidad y el aplomado, por lo que el buen acabado se garantizará mediante el buen hacer de quien realiza el trabajo.

Como verá, el concepto es el mismo que el empleado en el capítulo de enfoscados, con la salvedad del tipo de material usado.

Serán recurrentes a lo largo de este capítulo los parecidos y las similitudes con el enfoscado a buena vista, así como las referencias al capítulo anterior, si bien es muy recomendable seguir atentamente todo lo que sigue ya que, al cambiar el material, aparecerán diferencias importantes y de necesario conocimiento en todos los aspectos del trabajo y que se deben tener claras para garantizar un buen resultado.

De entrada, debe recordar que el yeso es un material más sensible a la humedad que el mortero, lo que limita su uso a interiores, si bien su acabado es más fino y con frecuencia se usa como revestimiento previo a un acabado final de pintura.

Será acertado pensar, según lo dicho, que el guarnecido realizado a buena vista se usará en lugares donde haya una mayor exigencia de un acabado fino y, si bien se pueden conseguir muy buenos resultados con esta técnica, será la calidad a ofrecer y la importancia estética que el local requiera según su uso lo que permitirá o requerirá que se aplique el guarnecido a buena vista o maestreado.

En este capítulo se verán los procesos, materiales y condiciones de los soportes para guarnecer, además de la ejecución de los guarnecidos al detalle e incluso las medidas preventivas frente a los riesgos laborales y algunas innovaciones recientes del oficio.

2. Procesos y condiciones de ejecución de guarnecidos "a buena vista"

En el guarnecido de yeso, como revestimiento continuo conglomerado que es, la pasta que se usa se compone de agua y un conglomerante que en este caso es el yeso.

Se suele llamar mortero a la combinación de un conglomerante (por ejemplo cemento), arena y agua. Por otro lado, se suele llamar pasta a la combinación del conglomerante (en este caso yeso) simplemente con agua.

Mineral de yeso sin elaborar y dunas de yeso

Sin embargo, una de las principales diferencias entre el yeso y el cemento es que, mientras el cemento es un conglomerante hidráulico y por ello fragua y se endurece en contacto tanto con el aire como con el agua, el yeso es un conglomerante aéreo, es decir, que fragua en contacto con el aire, y normalmente los conglomerantes aéreos no tienen resistencia al agua.

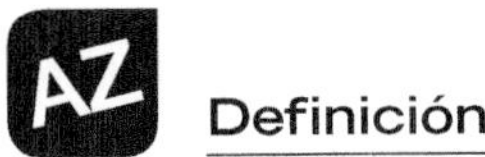

Definición

Conglomerante
Material que mediante transformaciones químicas es capaz de unir fragmentos de una o varias sustancias para formar un nuevo compuesto de mayor cohesión.

Por ejemplo el yeso o el cemento son conglomerantes que reaccionan al mezclarlos con agua.

De aquí que los revestimientos de yeso se usen principalmente en interior, no siendo aconsejable su empleo en cuartos húmedos como cuartos de baño por ejemplo. De hecho, la recomendación es no revestir con yeso locales con una humedad relativa prevista mayor del 70 %.

Dada tal sensibilidad a la humedad, se recomienda que antes de realizar el guarnecido estén terminados los cerramientos exteriores incluso con su revestimiento si está previsto que lo lleve, así como la cubierta del edificio o al menos tres forjados sobre la planta a revestir.

Revestimiento de yeso en vivienda

Hay pues un revestimiento para paredes y techos que presenta las siguientes propiedades:

- **Fácilmente manipulable:** su consistencia se puede regular según la proporción de agua-yeso, lo que lo hace muy versátil frente a las distintas condiciones y necesidades de aplicación, resultando también muy moldeable, lo que facilita su trabajabilidad aplicándose con gran rapidez.
- **Expansión:** el yeso se expande al fraguar, lo que previene, siempre que esté dentro de unos límites, las fisuras por retracción.
- **Adherencia:** su plasticidad y su conformación con agua permiten introducirse por oquedades y poros, quedando fácilmente pegado al paramento.
- **Acondicionamiento del recinto:** tiene buenas cualidades de aislamiento térmico, acústico y de regulación de humedad siempre que no sea muy alta, por lo que colabora en proporcionar unas condiciones de gran habitabilidad al recinto en que se aplique.
- **Durabilidad:** su resistencia mecánica, aunque dependiendo de la relación agua-yeso con la que se amase, es suficiente para usos habituales que no prevean golpes o roces de importancia, especialmente en edificación.
- **Ignífugo:** el yeso no es combustible y además tiene una baja conductividad térmica.

Para su aplicación hay que tener en cuenta que no se debe realizar un guarnecido o enlucido cuando la temperatura ambiente sea menor de 5 ºC, el espesor del revestimiento va a depender de las irregularidades de la pared o muro, puede oscilar entre 10 y 20 mm, normalmente se le suele dar un espesor de 12 mm, aunque se puede realizar la aplicación de varias capas si se va necesitando alcanzar mayor espesor.

Por supuesto, para la realización de las siguientes capas, será necesario que la anterior tenga consistencia suficiente para que no se desprenda con la aplicación de la siguiente. La aplicación de la capa superior se hará rayando previamente la que ya se ha realizado para favorecer la adherencia.

Se podrá aplicar una segunda capa o un enlucido cuando la capa anterior esté casi seca y presente un alto grado de endurecimiento.

Recuerde

Con la palabra yeso se denomina tanto al mineral como al producto industrial obtenido a partir de él.

Para la aplicación del yeso hay que considerar que este es un producto que favorece de forma especial la corrosión del acero, por lo que, siempre que se vayan a revestir con este producto superficies metálicas, se deberán forrar con elementos cerámicos evitando así el contacto directo entre el yeso y el metal.

También hay que evitar que la superficie guarnecida reciba golpes o vibraciones que puedan afectar a la pasta durante su periodo de fraguado.

Actividades

1. Resumir las propiedades del yeso como revestimiento.
2. ¿Qué temperaturas y espesores se recomiendan para la aplicación de un guarnecido de yeso?

A pesar de que el yeso ofrece una resistencia adecuada a usos poco expuestos a agresiones mecánicas (como doméstico, oficinas, etc.), su plasticidad hace que las esquinas sean puntos de cierta dificultad de formación y de fácil deterioro, por lo que siempre se usan guardavivos en estos puntos.

Por supuesto, antes del revestido será necesario haber recibido (situado y anclado) los cercos de ventanas y puertas y haber repasado la pared tapando los desperfectos que pudiera tener.

Cercos de puertas y de rejillas de aire acondicionado instalados

El proceso de revestimiento con yeso seguro que le recordará al proceso visto en el capítulo anterior; tiene los siguientes pasos:

- Preparación de la superficie a guarnecer.
- Colocación de reglas y guardavivos. Si hay que agarrarlos con yeso se puede hacer un poco de pasta para esta tarea, evitando así perder tiempo con gran cantidad de pasta preparada.
- Realización de esquinas con yeso.
- Amasado de la pasta para el guarnecido según la cantidad que vaya a necesitar (no olvide limpiar las herramientas antes del amasado y al terminar el trabajo).
- Proyección o extensión de la pasta para su adhesión al paramento.
- Raseado y tratamiento superficial (repaso o preparación para el enlucido).

Con respecto a las herramientas que se usan en los guarnecidos, para algunas tareas se usan prácticamente las mismas que en el caso de los enfoscados, si bien otras varían además de incorporarse alguna que otra nueva:

- **La paleta o palustre:** básicamente es igual a la paleta vista para los enfoscados, aunque, según algunos autores, se suele llamar **paleta yesera** a la que acaba en punta. Tanto para el yeso como para el mortero de cemento las funciones son las mismas.

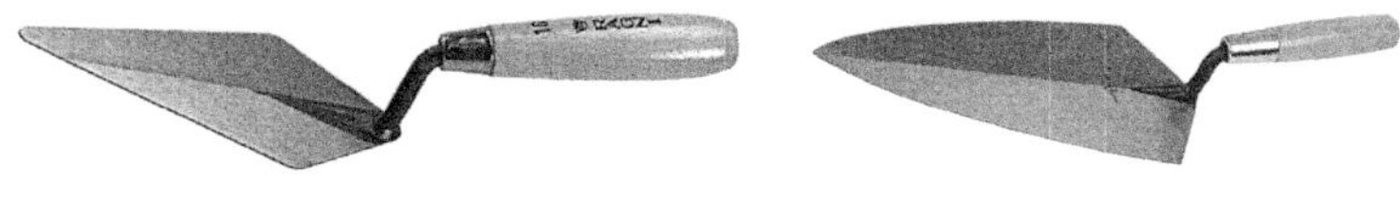

Paletas o palaustres

- **La llana:** como en el caso anterior, pocas variaciones hay con la llana expuesta en el capítulo anterior. Sus usos también son como "bandeja" y para el extendido del proyectado. Dada la rapidez de fraguado del yeso, es más común extender directamente con la llana ya que se tarda menos en cubrir una superficie.
  Comprobará que en el mercado hay muchos tipos de llana. Con la llana dentada, gracias a sus dientes, se puede rayar la superficie del guarnecido, dejándola preparada para un posterior revestimiento como un enlucido.

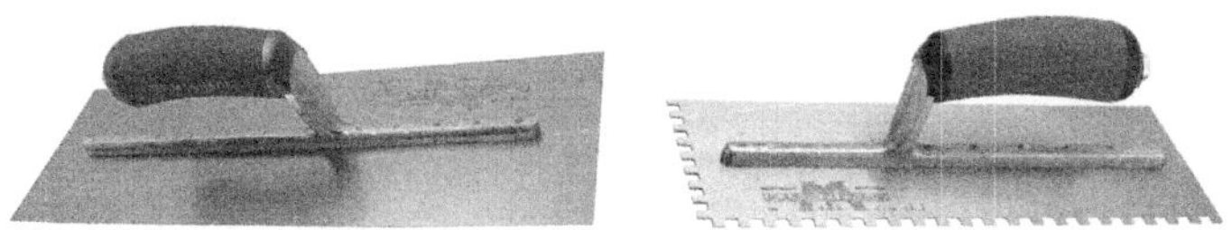

En la imagen aparecen varias llanas, siendo la dentada la que se puede usar para rayar el guarnecido para aplicar un posterior enlucido.

- **La espuerta, gaveta, cubeta:** tampoco se puede decir que se necesite un tipo particular de cubeta o recipiente, si bien puede ser aconsejable usarlas mayores que para el enfoscado. Una cubeta mayor puede ser más cómoda ya que la pasta se puede hacer llenando la cubeta de agua y espolvoreando el yeso, aunque eso queda siempre a gusto del trabajador. Tradicionalmente se prepara la pasta en las gavetas o pasteras.

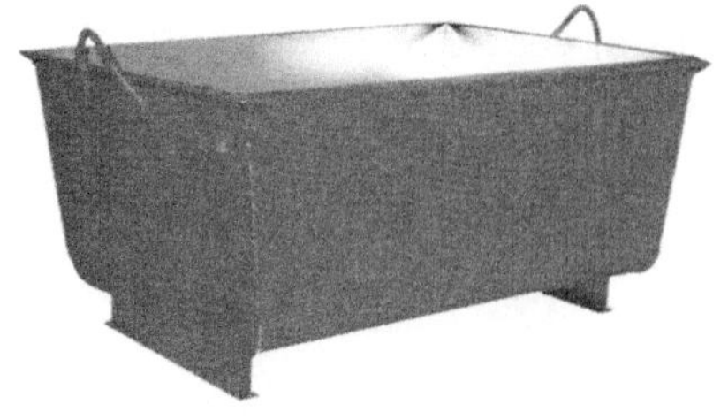
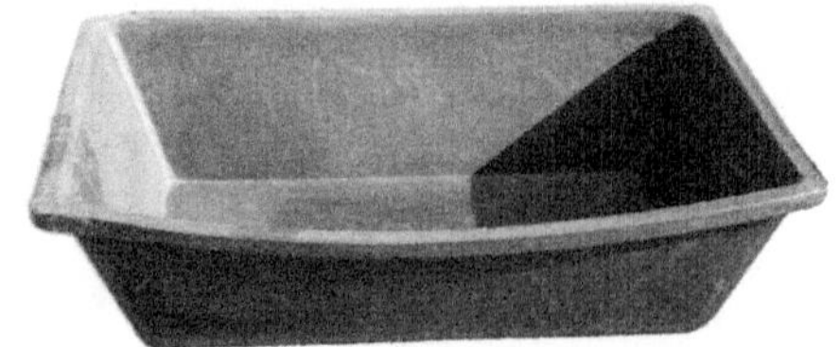

A la izquierda una pastera y a la derecha una gaveta

- **La regla:** aquí sí se puede encontrar una variación. Se suelen usar reglas con perfil en H. La pasta de yeso es más fina que la de mortero y es más cómodo tener aristas en la regla.

Arriba regla con perfil en H cerrada, abajo regla con perfil en H abierta

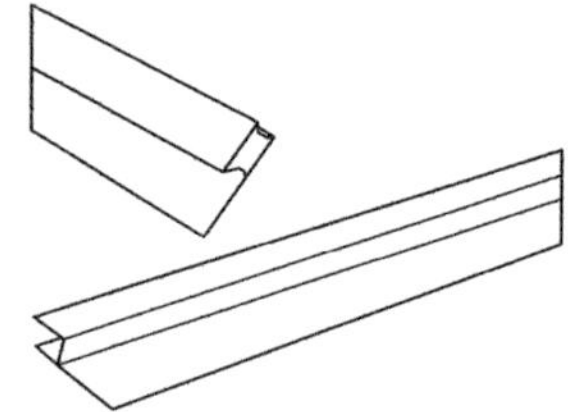

- **La cuchilla:** otra herramienta típica de los revestimientos de yeso. Se usa para cortar y eliminar rebabas que puedan quedar en el proceso, también para cortar el guarnecido en las juntas estructurales y la parte superior de los rodapiés.

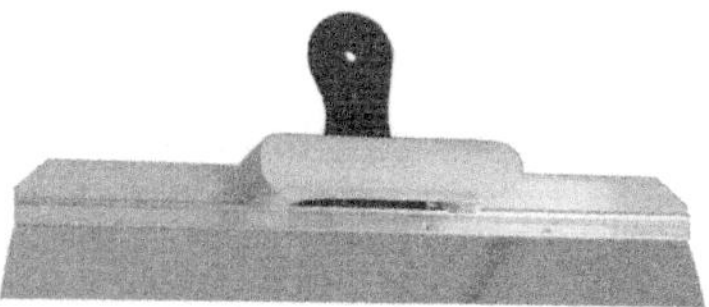

Cuchilla o espátula de yesero

Actividades

3. ¿Cuáles son los pasos de un guarnecido de yeso?
4. Relacione las herramientas que se necesitan para hacer un guarnecido y su uso.

En lo referente a la ejecución, también hay consideraciones a tener en cuenta, como que, cuando un paramento se va a alicatar por el lado contrario al que se va a guarnecer, se debe alicatar primero y después guarnecer para evitar eflorescencias. Además debe recordar que no se añade agua posteriormente al amasado.

Se recomienda también que, antes del fraguado, se dé una pasada con yeso tamizado, también dejar perfectamente perfilados: cajas, bordes del rodapié, etc., controlar la cantidad de agua y su temperatura en el amasado, además de observar que no se produzcan coqueras, grietas, zonas blandas o abombamientos.

Recuerde

La temperatura de amasado y la dosificación deberán ser las que indique el fabricante.

Normalmente la temperatura de amasado estará entre 5 y 40 °C y la proporción agua-yeso estará sobre 0,7 o 0,8 (entre 7 y 8 litros de agua por 10 kilos de yeso).

Aplicación práctica

Razone cómo le benefician las propiedades del yeso a la hora de realizar un guarnecido a buena vista.

SOLUCIÓN

Al ser fácilmente manipulable, permite realizar el trabajo en poco tiempo y con una gran calidad dado que esta propiedad implica que se puede trabajar muy bien con el yeso. No será complicado por tanto conseguir el espesor deseado y un buen acabado superficial.

Su expansión durante el fraguado también permite que, si se trabaja adecuadamente, las fisuras no sean un gran problema y evita que se esté vigilando el trabajo terminado tanto como en el enfoscado.

La adherencia también favorece el trabajo bien realizado y con rapidez.

Por otro lado, las propiedades de aislamiento térmico, acústico y de regulación de humedad, la durabilidad y sus propiedades ignífugas, más que favorecer el trabajo, lo que hacen es que sea muy solicitado como revestimiento interior y por tanto que el guarnecido sea muy demandado en el sector de la construcción.

3. Suministro de materiales para guarnecidos

El suministro de material al tajo varía sobre lo visto con el mortero de cemento, ya que hay que considerar que el yeso fragua muy rápido, con lo que la preparación "in situ" es muy importante. Sin embargo, también hay que tener en cuenta que existen tipos de yesos y aditivos que adelantan o retardan el fraguado.

Sacos de yeso

En cualquier caso, la planificación del trabajo y el momento de preparación del yeso, así como la cantidad a preparar, deben hacerse con cuidado ya que, por ejemplo, si se prepara yeso para toda una habitación y una vez preparado se empieza a hacer las aristas de las esquinas, probablemente no dé tiempo a aplicar todo el yeso preparado.

De hecho, hay que preparar la cantidad de yeso que va a dar tiempo a usar antes de empezar a endurecerse, ya que en este momento se vuelve inservible.

Tanto es así que los restos en herramientas y recipientes se deben limpiar puesto que preparar yeso nuevo sobre restos endurecidos acelera su fraguado.

Se han empleado dos conceptos dignos de definir, puesto que es evidente la importancia de saber manejarlos; estos son fraguado y endurecido:

- **Fraguado:** es el proceso por el que comienzan las reacciones propias de la hidratación; de hecho incluso se puede calentar un poco a causa de la reacción química. En esta fase aumenta su volumen y adquiere la plasticidad que permite trabajar con él. El tiempo que dura el fraguado antes de comenzar el endurecido se llama tiempo de trabajo o de empleo.
- **Endurecido:** deja de ser plástico y empieza a estar duro, perdiendo también adherencia. Empieza a perder el agua de amasado alcanzando su dureza definitiva en unos quince días.

El tiempo de fraguado depende del tipo de yeso, de si lleva acelerantes o retardantes y de la cantidad de agua de amasado (a mayor cantidad de agua más tiempo de fraguado). En cualquier caso se debe tener especial cuidado con la cantidad de agua de amasado, puesto que puede variar las propiedades del yeso ya que más agua puede disminuir su resistencia mecánica final.

Una forma de alargar el tiempo de fraguado es volver a amasarlo, pero sin añadir agua puesto que no se recomienda la rehidratación de la pasta.

Sin embargo, se recomienda seguir para el amasado las recomendaciones del fabricante, siendo una proporción habitual de agua-yeso la de 0,7 o, lo que es lo mismo, 17 litros de agua por 25 kg de yeso aproximadamente. También se puede pensar en unos dos o tres sacos de yeso para dos cubos de agua (siempre considerando que la capacidad del cubo sea de 20 a 25 l).

Actividades

5. ¿En qué se diferencia el fraguado del endurecido?
6. ¿Qué puede ocurrir si se amasa el yeso con más agua de la necesaria?

Respecto al amasado, debe saber que se realiza vertiendo en primer lugar el agua en el recipiente donde se vaya a amasar, espolvoreando después el yeso sobre ella, procurando que no se formen grumos. Cuando se puede trabajar con la pasta, esta se vuelve plástica, pudiéndose incluso cortar.

Batidora de yeso y accesorios para usar herramientas eléctricas como batidoras.

Sabía que...

Se recomienda usar para el amasado del yeso medios mecánicos, y de hecho existen "batidoras" para ello.

Hay batidoras completas para dicha tarea, y también complementos para herramientas de mano tipo taladro, que se les acopla para usarlo como "batidora".

En el caso de las máquinas de proyección, el amasado es realizado automáticamente, de modo que solo hay que aportar los elementos necesarios.

Existen silos de yeso para grandes suministros que transportan el producto hasta la máquina de proyectar en la que se hace la mezcla para su proyección.

Como cabe imaginar, este sistema es útil para grandes áreas de guarnecidos en las que se prevé que se realicen de forma continua.

Cuando el material se recibe en sacos, estos llevarán las indicaciones del tipo, dosificación, resistencia, etc., pudiendo encontrar los siguientes tipos de yesos:

- **YG o yeso grueso:** se usa para revestimientos interiores e incluso para agarre en tabicados. Su etiqueta es verde.
- **YF o yeso fino:** su grano es más fino que el YG y se usa en enlucidos o blanqueos sobre guarnecidos o enfoscados. Su etiqueta es negra o tiene algún distintivo de ese color.
- **YP o yeso de prefabricados:** más resistente y puro que los anteriores, se usa para hacer elementos prefabricados de tabiquería. Su etiqueta es de color amarillo o tiene algún distintivo de ese color.
- **E30 o escayola:** se usa para hacer elementos prefabricados para techos y tabiques. Su etiqueta es de color azul o tiene algún distintivo de ese color.
- **E35 o escayola especial:** se usa para paneles, placas y elementos de decoración. También tiene una etiqueta azul o tiene algún distintivo de ese color.

También se pueden encontrar más tipos de yeso como el yeso rápido, lento de alta dureza, aligerado, etc.

Para el amasado se vierte el agua y después se espolvorea el yeso.

Es importante saber que para la proyección con máquina el yeso que se usa es especial para ello, pudiendo encontrar yeso de proyectar normal y aligerado.

Aplicación práctica

Identifique los tipos de yeso de las figuras e indique si los usaría o no y para qué suponiendo que tiene que hacer el revestimiento de las paredes de un salón de una vivienda.

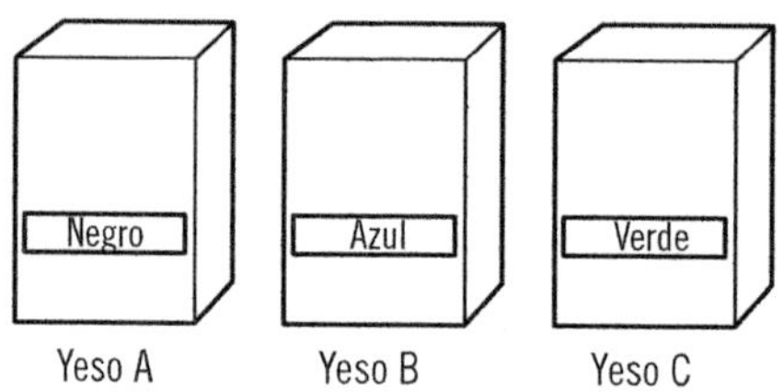

SOLUCIÓN

El saco de yeso A tiene identificadores de color negro, lo que implica que es yeso fino y por tanto puede ser utilizado para dar la capa de enlucido del salón del enunciado.

El saco de yeso B indica por sus colores azules que se trata de escayola, que de poco servirá en el revestimiento de las paredes. Quizás sea útil para operaciones con elementos decorativos, pero no para un revestimiento como tal. Además en la foto no se puede apreciar de qué tipo de escayola se trata.

El saco de yeso C, por su color verde, es de yeso grueso y por tanto es el ideal para la capa de guarnecido sobre la que después se podrán dar otros revestimientos de terminación.

Por tanto el saco de yeso C se usará para el guarnecido, el de yeso A para el enlucido y el de yeso B o escayola no se usará.

Con respecto a la conservación del yeso en obra, hay que considerar la sensibilidad a la humedad que tiene el material, por lo que se deberá preservar lo más posible del ambiente exterior, incluso no almacenando los sacos apoyados en el suelo y preferiblemente hacerlo sobre un soporte que permita la circulación de aire (palés o rejillas).

Cuando un saco se ha abierto y no se ha usado completamente, se deberá cerrar bien para su conservación.

Sabía que...

Se llama "yeso muerto" al yeso que ha acabado de fraguar y empieza a endurecer, perdiendo su adherencia y resistencia si no forma parte del guarnecido.

Cuando el yeso se encuentra así, hay que tirarlo, limpiar bien las herramientas y hacer una nueva pasta procurando no amasarla sobre restos del yeso muerto, ya que acelera su fraguado.

Actividades

7. ¿Cuál es una proporción frecuente de agua-yeso para su amasado?
8. ¿Qué se deberá hacer para una correcta conservación del yeso en obra?

4. Condiciones previas del soporte a guarnecer: estabilidad, resistencia, estanqueidad, temperatura

Como ya es sabido, las condiciones del soporte son fundamentales para la buena ejecución de un revestimiento continuo conglomerado, y para el caso del yeso no podía ser menos.

Por tanto la limpieza, porosidad, rugosidad y planeidad del paramento son tan importantes como para los enfoscados, siendo los elementos constructivos que se suelen guarnecer los formados por fábrica de ladrillo, bloques cerámicos, bloques de hormigón, los elementos de hormigón armado, de bovedillas de forjado, etc.

Materiales de paramentos que se pueden guarnecer. De izquierda a derecha: enfoscado, hormigón, ladrillo.

Como en el caso de los enfoscados, si en el soporte existiesen lagunas en los materiales, se aconseja la colocación de mallas de PVC o fibra de vidrio, que irá sumergida en el guarnecido, como también se colocarán en los puntos singulares o en las uniones de diferentes materiales.

Con respecto a la limpieza, es muy importante limpiar las manchas de eflorescencias que tenga el soporte para evitar perder propiedades de las que debe tener el revestimiento y que han llevado a elegirlo.

Eflorescencias en varios tipos de soporte

Las condiciones del soporte donde vamos a aplicar el guarnecido, tienen que ser óptimas, es importante comprobar que la superficie esté plana y que no contengan desviaciones entre dos puntos mayores de 8 mm.

Un detalle que puede realizarse con el yeso que se recupere del raseado, sería aplicarlo en el soporte que se tenga preparado, a continuación, o la parte por donde no se haya aplicado aún el guarnecido.

Cabe llamar la atención sobre las soluciones para guarnecer superficies muy lisas como las de hormigón encofrado con placas metálicas, que son:

- Picado de la superficie (al igual que con el mortero de cemento).
- Chorreo con arena.
- Salpicado de la superficie con mortero de cemento amasado con la proporción 1:3 de cemento:arena.

Como verá en los próximos apartados, las similitudes de la ejecución de guarnecidos y de enfoscados son muchas, ya que, al fin y al cabo, ambos son revestimientos continuos conglomerados y su concepto de producto es similar.

De aquí que las similitudes en la aplicación de ambos revestimientos requieran condiciones de soporte también similares, por lo que también para los guarnecidos será necesaria una preparación previa de regularización del soporte quitando salientes, rellenando coqueras y tapando rozas o regolas.

A la izquierda, una vez tapadas las rozas o regolas, se puede empezar el proceso de guarnecido. A la derecha, caso de una reforma, hay que tapar los agujeros y coqueras antes de empezar el revestimiento (en este caso sobre un guarnecido existente).

Definición

Coqueras

Se llaman coqueras a huecos en el paramento que, de no rellenarse, quedarán ocultos por el revestimiento y, en todo caso, serán un punto con poca resistencia mecánica.

Respecto a la **estabilidad** del soporte, además del peligro que supone en una obra, la pasta de yeso se va a proyectar, extender y/o rasear de forma similar al mortero, por lo que la presión para adherir y trabajar la pasta hace necesario que el soporte sea estable, además de que se le está añadiendo peso.

Los anteriores son también motivos suficientes para darse cuenta de que los paramentos a revestir deben tener una **resistencia** suficiente para soportar el peso que se le añade y los esfuerzos propios del trabajo con la pasta.

Por otro lado, la **estanqueidad** también es en el caso de la aplicación de los yesos muy importante, ya que los guarnecidos no se pueden regar una vez terminados y por tanto la filtración de agua a través del paramento y/o la falta de estanqueidad supone un "robo" de agua al endurecido que tiene difícil solución si no se ha previsto y tratado previo a la ejecución. También hay que tener en cuenta que un soporte que pierda propiedades con la humedad no debe ser guarnecido, ya que el yeso requiere bastante agua para su empleo.

En lo relativo a la **temperatura,** y mientras el fabricante no lo especifique, los valores límite en general para el amasado son de 5 ºC como menor temperatura que debe tener el agua y de 40 ºC como máxima, si bien 30 ºC suele empezar a ser una temperatura poco recomendable, ya que la evaporación empieza a ser alta pudiendo perderse parte del agua necesaria para el proceso químico del yeso. En cualquier caso es muy importante leer las recomendaciones del fabricante tanto para la temperatura como para todos los factores a tener en cuenta para trabajar con el producto.

Sabía que...

Por encima de los 42 ºC el dihidrato que forma parte de la reacción es inestable, lo que hace que, por ejemplo, el yeso se pueda mantener fluido durante horas con el agua de amasado por encima de 60 ºC fraguando inmediatamente cuando la temperatura baja a 40 ºC.

4.1. Control de humedad del soporte

La humedad del soporte tiene una gran importancia al igual que en el enfoscado, siendo necesario que el paramento tenga un nivel de humedad medio para evitar influir negativamente en el proceso de fraguado y endurecimiento.

Así, un paramento demasiado húmedo impediría que la pasta se introdujera en los poros, disminuyendo la adherencia y permitiendo así defectos de ejecución o impidiendo que la pasta se agarre adecuadamente.

Por otro lado, un paramento muy seco absorbería parte del agua que necesita la pasta para su proceso, afectando a las propiedades finales de la misma, que es lo que se llama "arrebatamiento", llegando a dejar inservible la pasta.

Para soportes muy absorbentes existen tratamientos con sustancias reguladoras de absorción de la humedad que permiten aplicar el revestimiento sin problemas.

Como comprobación de la capacidad de absorción de agua del paramento existen propuestas como humedecerlo con una brocha y si este permanece húmedo (la superficie se oscurece) de tres a cinco minutos, es suficientemente absorbente.

En esta pared puede distinguirse el color más oscuro de la parte húmeda (de la mitad hacia arriba).

Finalmente, la experiencia también le permitirá controlar la humedad necesaria y las precauciones a tomar frente a un paramento y su capacidad de absorción.

Así pues, se debe humedecer el soporte antes de aplicar el guarnecido aunque siempre con las precauciones necesarias según lo visto hasta ahora.

Actividades

9. Relacionar las condiciones que debe tener un soporte para poder ser guarnecido.
10. ¿Cómo se comprobaría la capacidad de absorción de agua de un paramento?

Aplicación práctica

Se encuentra trabajando en una obra y acude a su nuevo tajo tal y como el encargado le solicitó. Su nuevo tajo resulta ser una habitación en la que dos paredes son de ladrillo, una de hormigón y una de placas de cartón-yeso.

¿Qué comprobaciones y trabajos haría antes de amasar el yeso y empezar su aplicación?

SOLUCIÓN

En principio las comprobaciones de estabilidad no son necesarias, puesto que, si no se aprecian defectos evidentes de ejecución, las paredes de ladrillo y hormigón tendrán la estabilidad y resistencia suficientes.

Esto solo le deja la pared de placas de cartón-yeso que, salvo indicación del encargado, lo normal es que no se pueda guarnecer dada la cantidad de agua que necesita la pasta y para la que no suele estar preparada dicha pared.

Por tanto, si la temperatura ambiente no es menor de 5 °C ni mayor de 40 °C, puede comprobar la estanqueidad de la pared de ladrillos, para lo que basta con encontrar una construcción uniforme con juntas bien rellenas y sin huecos.

Si encuentra que las regolas o rozas están hechas y con las instalaciones colocadas, lo primero que tendrá que hacer es tapar dichas rozas y preparar yeso expresamente para ese trabajo.

Hecho esto, puede pasar a comprobar la absorción de humedad de la pared de ladrillo humedeciéndola, por ejemplo, con una brocha y viendo cuánto tarda en secarse.

Por último, puede comprobar la adherencia de la pared de hormigón y proceder a picarla o salpicarla con mortero de cemento.

Con los paramentos preparados para darles su capa de guarnecido entonces podrá preparar la pasta para aplicar directamente.

Recuerde que el tiempo que tarda la pasta en fraguar no le permite hacer otros trabajos de preparación.

5. Ejecución de guarnecidos a buena vista

Se ha llamado la atención en reiteradas ocasiones sobre las similitudes de la ejecución de los guarnecidos de yeso y los enfoscados de mortero y en este apartado se seguirán apreciando tales similitudes. Sin embargo, el desarrollo del proceso también arrojará diferencias y puntos de especial atención que harán más que recomendable que usted preste atención al desarrollo del proceso de ejecución que sigue.

En primer lugar cabe llamar la atención sobre la necesidad de que los cercos o precercos de puertas y ventanas se encuentren colocados puesto que el revestimiento de yeso se hará a tope con ellos, incluso sirviendo para dar los primeros raseados con una mayor precisión al utilizar tales precercos como apoyo para las reglas.

Recuerde

Se llaman "cercos" o "precercos" a los marcos sobre los que se anclan las puertas o ventanas definitivas.

Suelen ser de madera o incluso de metal y se fijan antes que el revestimiento, puesto que deben quedar fuertemente sujetos y respetando las medidas tanto de revestimientos como de solería.

Hay que considerar que, frecuentemente, tras un guarnecido se prevé la aplicación de un enlucido, aunque este tiene un espesor de unos milímetros.

La línea de unión entre el revestimiento y el precerco quedará oculta tras el tapajuntas.

Cercos, precercos o premarcos de puertas

Así pues, para la exposición de los próximos apartados, suponga que se vuelve a encontrar en el tajo con un paramento limpio y adecuado, humedecido y disponiendo de material suficiente para realizar el trabajo encomendado. Los tubos de instalaciones y las distintas cajas de mecanismos y derivaciones están colocados y las rozas están tapadas.

Es momento de explicar las operaciones propias de la ejecución del guarnecido.

5.1. Colocación de reglas o miras

Puesto que la colocación de las reglas es exactamente igual a la colocación para el caso del enfoscado, se repasará este punto de forma general.

Pero antes hay que considerar que, debido a la menor resistencia del yeso frente al enfoscado, en las esquinas hay que colocar un guardavivo que las protegerá frente a golpes, roces, etc.

Colocación de guardavivos y varios de sus modelos

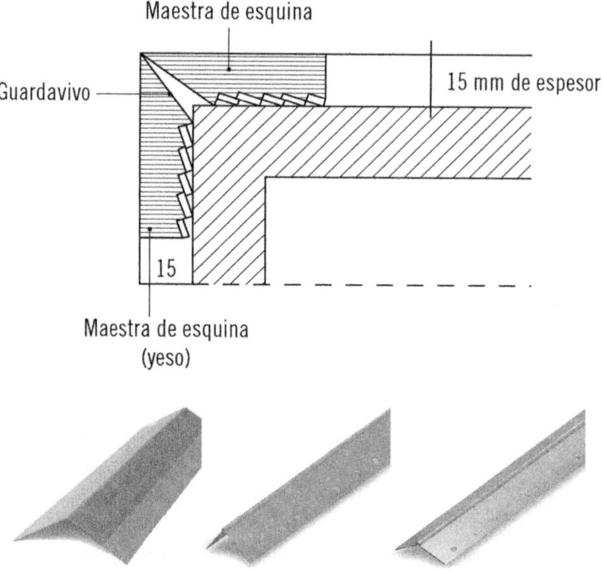

Recuerde

Un guardavivo es una pieza metálica o de material plástico, que se sitúa en las esquinas antes del guarnecido para dar a las aristas de las esquinas mayor resistencia frente a golpes y roces.

Por tanto la primera operación será colocar la regla para después "agarrar" el guardavivo aplomado y con la medida necesaria desde su vértice a la pared según el espesor previsto de guarnecido.

El guardavivo se anclará según las instrucciones del fabricante, si bien suele ser común preparar un poco de yeso para dejar fijo dicho elemento.

Con el guardavivo colocado se procede a rellenar la esquina, apoyándose en la regla de igual manera a como se hacía con el mortero de cemento.

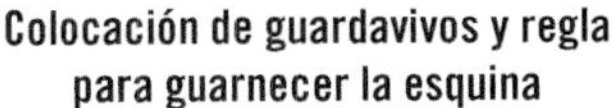
Colocación de guardavivos y regla para guarnecer la esquina

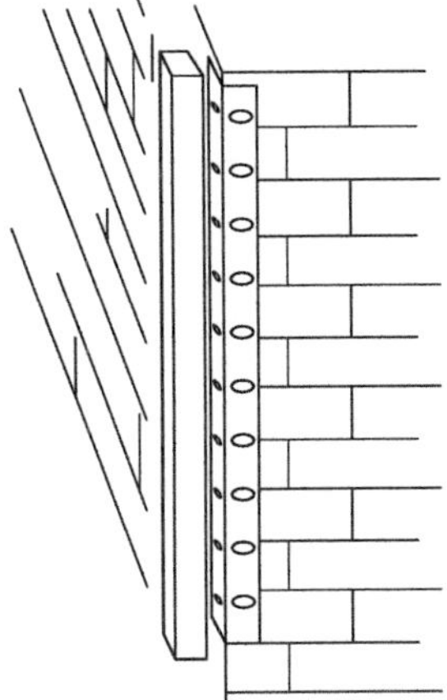

Para la colocación de la regla se puede usar reglas telescópicas que alcancen desde el suelo hasta el techo o reglas a medida cuando la superficie a guarnecer no tiene toda la altura del recinto.

Nota

Cuando sitúe el guardavivo debe tener en cuenta la altura de la solería y, sobre todo, la del rodapié, puesto que el guardavivo debe quedar justo encima de este.

La regla se sitúa alejada de la esquina y sobresaliendo por el lado del guarnecido la medida exacta del espesor que quiere dar al revestimiento. Entonces se verifica el aplomado en las dos caras perpendiculares a la esquina y se fija definitivamente.

Colocación de regla para guarnecido de esquina

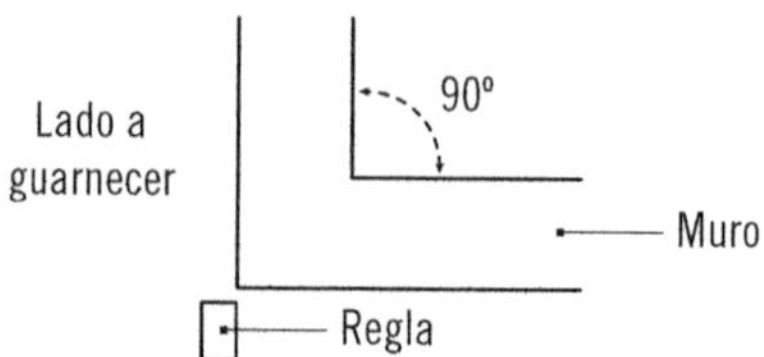

Actividades

11. ¿Por qué deben estar colocados los precercos antes de proyectar el yeso?
12. ¿Qué elementos deben colocarse en la esquina para poder guarnecerla?

5.2. Proyección de la pasta

Con las esquinas realizadas es cuando se prepara la cantidad de pasta necesaria para revestir el paramento deseado, aunque hay que considerar el tiempo de trabajo, o lo que es lo mismo, hay que preparar la cantidad de pasta que le dará tiempo a proyectar o extender a mano.

Para ello debe consultar las indicaciones del fabricante, si bien lo más común es que el tiempo de trabajo del yeso esté entre unos diez minutos y la media hora. No olvide tampoco tener en cuenta si la pasta lleva algún acelerante o retardante del fraguado para hacer su previsión.

Cuando la proyección se realiza con una máquina, tan solo debe ir alimentándola según vaya necesitando con la única previsión de reducir la cantidad, si es necesario, cuando vaya terminando de proyectar el área deseada.

Para la proyección con máquina se usan yesos fabricados expresamente para tal fin.

También tiene que tener en cuenta que el área a proyectar debe darle tiempo de rasearla con la regla, rondando el tiempo de trabajo del yeso habitual entre unos diez y treinta minutos (aunque dependerá del tipo de yeso, sus aditivos y nunca olvide leer las instrucciones del fabricante, algunos llegan incluso a 60 min).

Así pues, la técnica de proyección de yeso con la paleta es exactamente igual que para el mortero, será buena técnica a la hora de guarnecer pequeñas áreas.

Proyección de la pasta con paleta

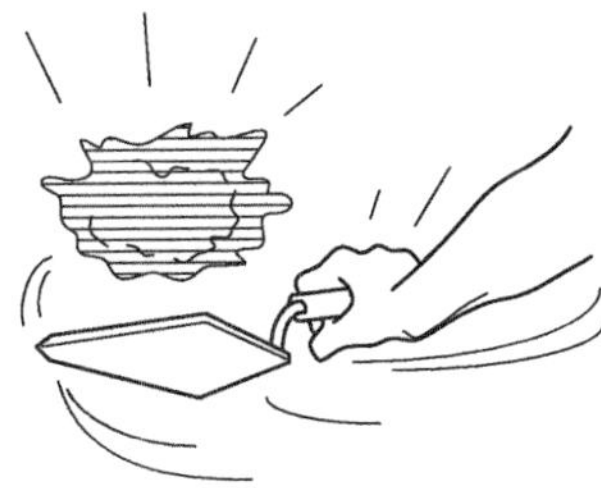

Recuerde

Puede repasar la técnica de uso de la paleta para usarla en la proyección manual del yeso en el capítulo 2.

La técnica de proyectado con máquina también es igual a la vista con el mortero y le permitirá proyectar mayores áreas de paramento, ya que, al tardar menos tiempo en proyectar, le queda más para rasear.

Proyección de yeso con máquina

Se recomienda que se emplee siempre el mismo yeso, no mezclando de distintas marcas o tipos en el mismo paramento.

Los pasos para el proyectado del yeso son los siguientes:

- Se hacen las esquinas y rincones.
- Se prepara la pasta a utilizar cerca de la zona de trabajo.
- Directamente desde la cubeta o cargando otra más pequeña se cogen "pegotes" de yeso que se lanzan con energía sobre el paramento hasta cubrir toda el área deseada.

5.3. Extendido

El extendido se realiza con la llana y bien puede usarse para extender y homogeneizar la capa proyectada con la paleta o bien puede ser el aplicar el yeso directamente en el paramento en bruto cargando la talocha (carga que se haría con la paleta) y extendiendo de abajo arriba la pasta dejando aproximadamente el espesor deseado.

Nota

El tiempo de trabajo del yeso ronda entre los 20 y los 60 minutos, dependiendo del tipo de yeso, fabricante y de si lleva algún tipo de aditivos.

Puesto que se cuenta con poco tiempo de trabajo debido a la velocidad de fraguado del yeso, la última opción (aplicar directamente el yeso con la llana) es la más utilizada al ofrecer la ventaja de cubrir una mayor área en menos tiempo, dejando el yeso aplicado más uniforme y con un espesor más controlado.

Extendido de yeso con la llana o talocha

Cuando la proyección se realiza con máquina se suele saltar el paso del extendido pasando directamente al raseado, a no ser que se necesite extender el yeso proyectado para ganar regularidad en alguna zona, aunque esto mismo se puede realizar con la regla al rasear.

Una vez más la técnica es igual a la expuesta para los enfoscados en el capítulo 2.

Recuerde

Para coger el material se hace un movimiento similar a clavar el filo de la hoja de la paleta en la pasta, dejando la muñeca libre como si se diera un pequeño "latigazo".

En la proyección se acompaña un poco más con el brazo orientando la pasta hacia la pared y dejando ir un poco la mano para lograr el extendido cuando el "pegote" impacte en el paramento. Todo ello desde una distancia aproximada de unos 25 cm.

Las operaciones de extendido de yeso como forma de cubrir el área deseada en lugar de la proyección son:

- Realizar las esquinas y rincones.
- Preparación del yeso a utilizar.
- Carga de la talocha (como si fuera una bandeja).
- Extender el yeso presionando con firmeza de abajo hacia arriba inclinando la parte alta de la llana hacia fuera de la pared y dejando pasar por la parte baja de la llana el grosor de yeso deseado.

Aplicación práctica

Debe guarnecer con yeso en un pequeño chalet con dos plantas, y en la obra, debido a su poca envergadura, los medios son limitados, no existiendo medios de elevación para cargas.

Continúa en página siguiente >>

<< Viene de página anterior

Prevea las formas de proyección, teniendo en cuenta que usted compra el material, que dispone de máquina de proyectar y las herramientas necesarias para la proyección manual y que, salvo los cuartos húmedos, todas las dependencias irán revestidas con yeso, incluyendo un pequeño trastero bajo una escalera.

SOLUCIÓN

Aunque se podría pensar en proyectar con máquina el yeso en la planta baja y pegar el yeso en la planta alta y en los pequeños recintos de forma manual, considerando que difícilmente se pueda subir la máquina a la planta alta, quizás sea más razonable el hacer toda la obra de forma manual por los siguientes puntos:

- Aun teniendo medios para el transporte de la máquina a pie de obra, posiblemente no pueda usarla más que en la planta baja, considerando que en el trastero será de poca utilidad.
- Teniendo en cuenta que hará una gran cantidad de paramentos de forma manual, deberá comprar un tipo de yeso para proyectado manual y otro para proyectado con máquina, con lo que pierde la posibilidad de comprar una partida grande del mismo material y la posible negociación de su precio por cantidad, sin contar las posibilidades de error en su uso o del mismo proveedor en el envío.
- En la acomodación de la máquina y su movimiento en obra podría perder el tiempo que va a ganar con este sistema considerando que solo podrá usarlo en la planta baja.

Las formas de proyección o pegado de la pasta más eficaces, considerando el conjunto de la obra, serán el extendido con la llana y el proyectado en los pequeños recintos y huecos con la paleta.

5.4. Raseado

Siendo la técnica de raseado de yeso similar a la de raseado de mortero, existen algunas diferencias.

Al igual que con el mortero, se desliza una regla regularizando el espesor del revestimiento y dejando una superficie lisa y uniforme.

Sin embargo, la regla que se usa en este caso es de aluminio con perfil en H, por lo que, siendo más ligera, además de trabajar un material (el yeso) más plástico y ligero que el mortero, se pueden usar dichas reglas de mayor medida que con los enfoscados, pudiendo llegar incluso a casi dos metros de longitud.

Lógicamente a mayor longitud de regla mayor dificultad de controlar el espesor final en los extremos, si bien la práctica le llevará a elegir la mejor solución en lo referente a comodidad y eficiencia.

Puesto que el guarnecido puede ser un revestimiento final a falta de pintura o puede llevar un enlucido de pocos milímetros, su acabado debe ser muy fino, para lo que se recomienda pasar la regla reiteradamente y en distintas direcciones.

Raseado en varias direcciones y regla con perfil en H cerrado

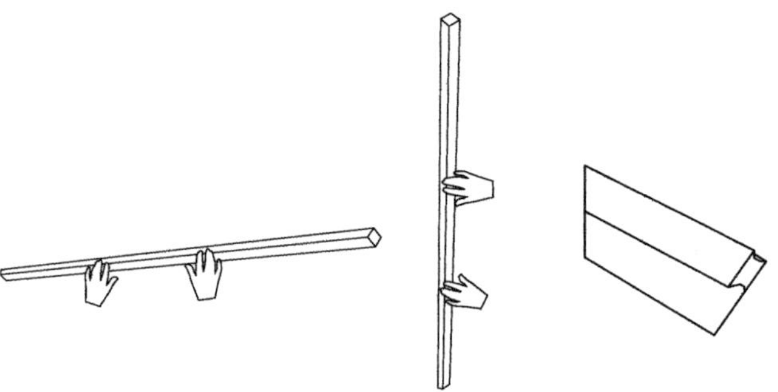

Nota

Al guarnecido se le pueden dar varios acabados como son el enlucido o el frotado.

Hay otra diferencia con respecto al raseado del enfoscado y es que, en el caso del yeso, el material que arrastra la regla tiene difícil recuperación, ya que a estas alturas del proceso posiblemente la pasta esté en fase de endurecimiento y su adherencia sea baja, además hay que recordar que el yeso en dicha fase suele acelerar el fraguado si se mezcla con yeso nuevo.

Pasada la regla se repasa la superficie con una cuchilla de grandes dimensiones, con la que se eliminan posibles rebabas e imperfecciones (siempre que no sean muy grandes).

Después del raseado se pueden dar varios acabados como pueden ser el enlucido y el frotado.

En el enlucido se dan varias manos de pocos milímetros con la llana y yeso fino y en el frotado se frota la superficie con una esponja y agua hasta sacar una crema que se extiende con la llana.

Actividades

13. ¿Por qué es más útil el extendido con llana que la proyección con paleta?
14. ¿Por qué se debe pasar la regla reiteradamente y en distintas direcciones?

5.5. Tratamiento de juntas estructurales

Las juntas estructurales permiten la dilatación y contracción de la estructura debido a las diferencias térmicas en el edificio. Con esto se previene someter dicha estructura a esfuerzos innecesarios.

Por tanto las juntas estructurales son espacios que se dejan en la estructura o entre varias estructuras y con el tiempo sufren movimientos, con lo que cualquier revestimiento que se haga sobre las juntas sufrirá una deformación.

Tal deformación provocará innecesarios y antiestéticos defectos en el revestimiento e incluso pueden suponer una dificultad para ese necesario movimiento.

Sabía que...

Las juntas estructurales o de dilatación son de vital importancia, por lo que sus condiciones de ejecución se recogen en las normativas de construcción.

Por eso, en las juntas estructurales hay que cortar el revestimiento dejando, como en todo buen trabajo, una esquina bien realizada.

Es esta otra de las utilidades de la cuchilla, permitiendo dar un corte adecuado al remate del guarnecido en la arista de la junta.

Existen sellantes y rellenos para las juntas que requerirán un adecuado remate del revestimiento, sea guarnecido o acabado.

Arriba el esquema de un ejemplo de acabado de una junta estructural. Abajo una foto de una junta estructural

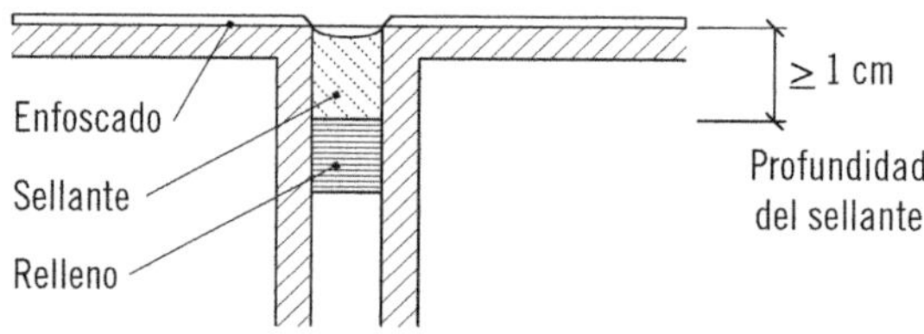

5.6. Empalme

Como se ha visto, el guarnecido se puede aplicar con bastante rapidez, ya que incluso se pueden usar reglas más grandes que en el enfoscado, con lo que una buena planificación del trabajo incidirá en una menor necesidad de dejar tajos a medias.

Sin embargo, esta posibilidad existe y ocurre, por lo que habrá que adoptar las medidas necesarias para continuar el trabajo adecuadamente.

Tal y como ocurría con el enfoscado y debido al propio sistema de trabajo, la pasta que se rasea por la parte final de la regla no tiene el mismo espesor y regularidad que el resto, por lo que el último tendido no quedará bien por su extremo.

Teniendo en cuenta que se trabaja "a buena vista", la falta de referencias no permitirá ver desde dónde continuar y cuánto o cómo rellenar para mantener el espesor y la planeidad.

Por tanto, se debe cortar la parte final del tendido hasta una zona de espesor y planeidad correcta de forma que se pueda mantener la calidad del trabajo, teniendo de este modo una referencia de espesor adecuada e incluso un apoyo para reiniciar el raseado. Por ello se debe hacer un corte aproximadamente recto y uniforme para que las condiciones de continuación sean correctas.

Es frecuente que con la misma llana se vaya cortando el último tendido realizado, dejándolo preparado para continuar el trabajo necesitando tan solo limpiar el paramento por la zona del corte.

Nota

Se llama "tendido" a cualquiera de las capas de un revestimiento o incluso a todo el revestimiento.

Evidentemente, dado lo comentado anteriormente, la parte del paramento donde se realice el corte se deberá limpiar de restos de yeso y humedecer adecuadamente antes de continuar el guarnecido.

6. Control de ejecución de los guarnecidos

Al igual que para los enfoscados y como garantía de un buen trabajo, hay que controlar que se cumplen las especificaciones y precauciones vistas y que permiten que el revestimiento de yeso se ejecute correctamente y asegure así las propiedades finales deseadas.

Así pues, se controlará antes y durante la ejecución lo siguiente:

- Los cerramientos exteriores e incluso sus revestimientos están ejecutados.
- Los cercos o precercos de puertas y ventanas están recibidos, así como protegidas las superficies metálicas.
- La superficie a revestir estará limpia y se comprobará su capacidad de absorción de agua.
- El paramento es estable, resistente, estanco, y las temperaturas son adecuadas para el amasado y guarnecido.
- La humedad ambiental no será excesiva.
- La dosificación de la pasta será la correcta y el material adecuado coincidiendo con el previsto.
- Las herramientas se limpian bien antes y después del amasado.
- Se han realizado el guarnecido de aristas y esquinas.
- No se añadirá agua después del amasado.
- El guardavivo está a nivel del rodapié y no tiene más de 3 mm de desplome por cada metro ni supera los 9 mm en total.

15. Describa alguna forma de comprobar la absorción de agua de un paramento.
16. ¿Qué efecto produce en el fraguado el uso de una herramienta sin limpiar llena de yeso muerto?

6.1. Espesor

El espesor del guarnecido será el solicitado y siempre menor de 20 mm, pudiéndose realizar en varias capas, siendo de 12 mm el espesor más habitual que se aplica, pero todo dependerá de las irregularidades del soporte.

Realizar guarnecidos con mayores espesores puede hacer que se desprenda el revestimiento o que aparezcan defectos por problemas de secado.

Como ya se ha dicho, la siguiente capa se aplicará cuando las condiciones de secado y resistencia de la anterior sean adecuadas.

En cualquier caso, difícilmente se necesita dar más de los 15 mm de espesor, puesto que la colocación de los cercos de puertas y ventanas se hace con esta misma previsión de medidas y suelen fabricarse de forma estándar con las medidas adecuadas que cumplan dicha condición.

En casos de grandes desplomes del paramento es más probable que encuentre zonas donde deba superar el espesor máximo y es entonces cuando deberá dar varias capas.

6.2. Planeidad

La planeidad del revestido se medirá en distintos puntos de la superficie final, no teniendo un defecto de más de 5 mm medido con una regla de un metro de longitud.

Es el mismo control que se expuso en el capítulo 2, en el apartado de enfoscados.

En este caso también se sugiere por las NTE (Normas Tecnológicas de la Edificación) que se realice el control cada 100 m^2, coincidiendo también en la finalidad de prevenir defectos localizados como abombamientos o coqueras.

Recuerde

Para la medición de desviaciones verticales como desplomes o planeidad en sentido vertical es recomendable el uso de la plomada para evitar errores en la medida, ya que el nivel de burbuja es sensible a restos o irregularidades.

Uso de una plomada

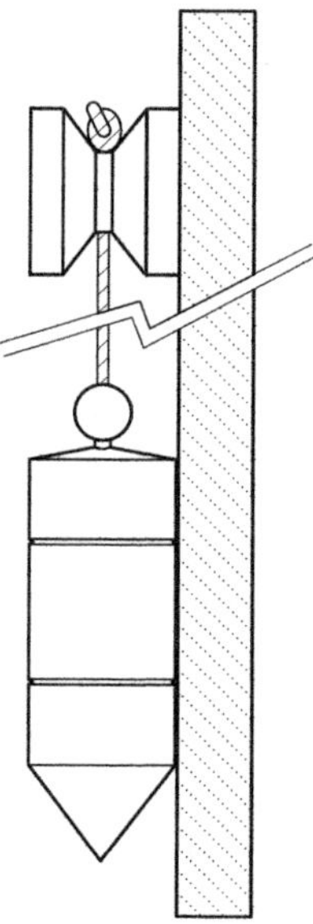

6.3. Desplome

Respecto al desplome, ambos revestimientos (de yeso y mortero) guardan ciertas similitudes incluso en su aplicación.

Como recordará, los desplomes suelen tener su causa en el soporte y el margen de compensación es poco, ya que con un espesor máximo de 15 mm no es posible corregir un gran desplome aun dando varias capas.

Con respecto al desplome del revestimiento en sí, se debe ser cuidadoso y aprovechar las pasadas con la regla para percibir el aplomado antes de cometer un error, ya que un desplome implica menor cantidad de material en el revestimiento y menor aprovechamiento de las propiedades del mismo.

En este caso también se mide con la plomada y en toda la altura posible del paramento.

Sabía que...

Las Normas Tecnológicas de la Edificación (NTE) no solo proponen controles de ejecución a realizar, sino también las condiciones para ello, como, por ejemplo, para la planeidad, que proponen un control cada 200 m^2.

6.4. Defectos habituales: causas y efectos

Los defectos que pueden aparecer en un guarnecido de yeso vienen motivados por algunas de las mismas causas que ocasionan los defectos en los enfoscados. Esto no es de extrañar, dadas las similitudes en la conformación y forma de trabajo de ambas sustancias, de ahí que se tenga que realizar preparaciones de soportes parecidas y por tanto sean las humedades, la suciedad del soporte, los movimientos de estructuras y la falta de adherencia enemigos de ambos revestimientos.

Sin embargo, la diferencia de resistencia entre los dos revestimientos y algunos factores de diferenciación propios de las distintas composiciones químicas de ambas sustancias hacen que existan algunos defectos del guarnecido distintos a los recogidos para el enfoscado y que se detallarán a continuación.

Golpes y erosiones mecánicas

La acción de personas y objetos puede generar erosiones y defectos que tienen difícil reparación.

Aunque a veces no se puede considerar un defecto propio de la ejecución, sí que es digno de mención, ya que es importante elegir el tipo de yeso adecuado, si bien una gran facilidad de erosión del revestimiento puede ser resultado de una errónea preparación o tratamiento del amasado, incluso un problema con el tiempo disponible de trabajo.

La solución más eficaz se debe prever en la elección de yesos más duros o resistentes en las zonas de mayor afluencia de personas o de circulación de objetos.

Nota

Cuando un revestimiento se erosiona con más facilidad de la esperada puede deberse a un error en el tipo de yeso empleado o a un error con las proporciones de agua-yeso que haya afectado a su dureza final.

La reparación pasa pues por considerar tal previsión cuando se realice una reforma aprovechando para aplicar los yesos de mayor resistencia antes comentados.

Manchas por corrosión

Ya es conocida la capacidad de aumento de la corrosión que el yeso produce estando en contacto con metales, y especialmente el acero, y que incluso pueden llevar a la aparición de fisuras.

La causa de estos defectos son la falta de forrado o recubrimiento de la pieza metálica, entrando el yeso en contacto con el metal.

La solución solo puede ser retirar el revestimiento, limpiar el metal, protegerlo (para lo que existen varias técnicas y productos) y realizar de nuevo el guarnecido evitando el contacto con el metal.

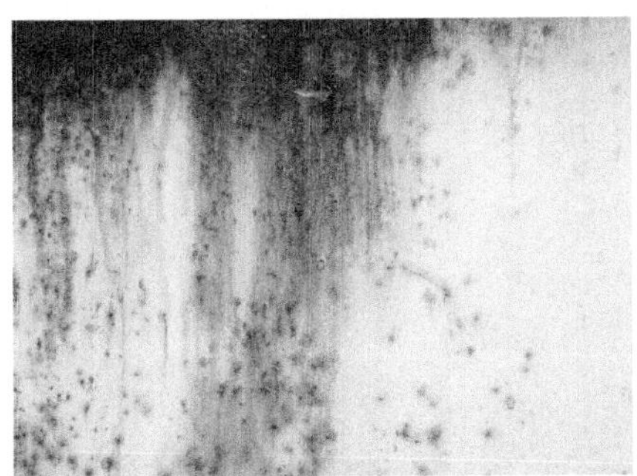

Manchas de óxido

Recuerde

Si necesita reparar un problema de óxido, debe eliminarlo bien del metal y siempre ir un poco más allá de lo que a simple vista se aprecia, de forma que no comience de nuevo el proceso de oxidación en la misma zona.

Desprendimientos

Este defecto sí que es similar al que se produce en los enfoscados y con las mismas causas (problemas de humedad, suciedad o poca rugosidad).

Los desprendimientos son partes del revestimiento que se separan del soporte por los mismos motivos que las fisuras pero con mayor intensidad.

Este defecto lo causa la falta de adherencia, que se puede producir por una succión excesiva o deficiente de agua por parte del soporte; la suciedad es un factor a considerar.

También se puede deber el desprendimiento a la aplicación de espesores mayores de 20 mm en una sola capa o a un cambio de material tras una interrupción del trabajo que ha llevado a un empalme.

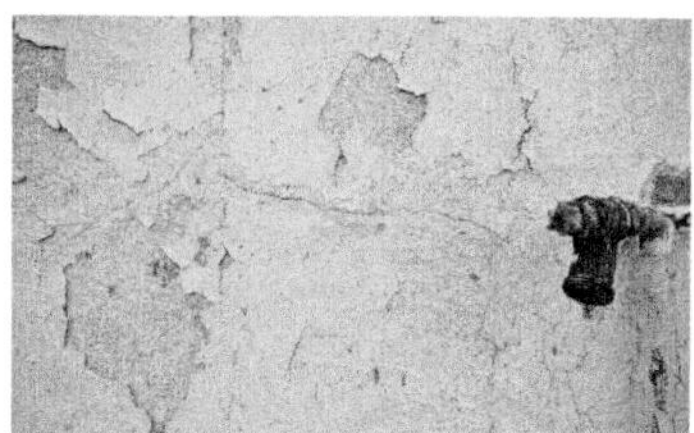

Desprendimientos de revestimientos de yeso

La solución en estos casos, además de la prevención controlando adecuadamente las condiciones del soporte, pasa por derruir el guarnecido, realizándolo de nuevo desde el principio.

Actividades

17. ¿Cómo se pueden evitar las manchas debidas a la corrosión?
18. ¿Cuáles son las causas que originan los desprendimientos de un revestimiento de yeso?

Ampollas y abombamientos

Estos defectos, que pueden llevar a desprendimientos, tienen su origen o causa en problemas de humedad, tanto por realizar el guarnecido en un paramento que no ha secado la humedad generada en su construcción como por capilaridad debida a una mala impermeabilización que permita la subida del agua por la estructura.

En este caso la solución se encuentra de nuevo en el respeto por las condiciones de trabajo recomendadas y un adecuado aislamiento e impermeabilización, tanto del terreno como de las inclemencias del tiempo.

La reparación pasa por la detección de la causa de la humedad y eliminarla. Entonces habrá que esperar el secado completo tanto del revestimiento como del soporte (se puede picar el revestimiento para acelerar el secado) y entonces es cuando se puede picar la zona afectada, limpiar y preparar para realizar de nuevo el revestimiento.

Importante

Cuando sanee la zona húmeda de yeso, compruebe que no se limita a la parte hinchada, si no que retira todo el yeso húmedo que ha perdido propiedades. Normalmente este será fácil de localizar por su apariencia e incluso por su falta de adherencia.

Fisuras

La configuración de las fisuras típicas de los guarnecidos de yeso va a ser similar a la vista en los enfoscados, si bien en algún caso se encuentran diferencias:

- **Fisuras escalonadas:** fisuras rectas o con quiebros siguiendo la forma de las piezas que forman el soporte. Su origen y solución son:

- **Origen:** movimiento relativo entre piezas del soporte.
- **Solución:** reparación del soporte y realización de nuevo del guarnecido.

- **Fisuras ramificadas:** tienen una forma similar a las vistas en los enfoscados y se deben a movimientos relativos entre el revestimiento y el soporte. Su origen y solución son:

  - **Origen:** en el caso del yeso, estas fisuras suelen aparecer por problemas de espesor y secado.
  - **Solución:** adecuada preparación del soporte, espesor de revestimiento menor de 15 mm y adecuado secado en condiciones ambientales. La reparación consiste en dar una capa de regularización.

- **Fisuras cuarteadas:** su distribución es uniforme y los cortes se distribuyen en todas direcciones. Su origen y solución son:

  - **Origen:** un secado inadecuado así como la presencia de espesantes o sustancias que retengan agua puede producir retracciones y estas ocasionar las fisuras cuarteadas.
  - **Solución:** se previenen con un secado correcto y su solución es la sustitución del revestimiento.

Aplicación práctica

Hablando con una persona inexperta que ha realizado el guarnecido del salón de su propia casa, le comenta que ha dado yeso en un paramento que al humedecerlo absorbió el agua en un minuto aproximadamente y también dio yeso directamente sobre una pieza de acero que necesitó poner para fortalecer una parte del paramento.

¿Qué problemas puede advertirle que aparecerán y cómo podrá resolverlo?

SOLUCIÓN

El primer problema que, con toda seguridad, se le puede anunciar es la aparición de manchas debido a la corrosión, puesto que el acero es especialmente atacado por el yeso.

Continúa en página siguiente >>

<< Viene de página anterior

Por otro lado, debido a la gran capacidad de absorción de agua del paramento, cabe pensar que aparecerán fisuras ramificadas o incluso cuarteadas.

La solución pasará por retirar el yeso de la zona de la pieza metálica y forrarla para volver a dar el revestimiento. Aunque la pieza no permita mucho espesor, siempre hay soluciones, como hacer una falsa viga por ejemplo.

Con respecto a las fisuras, se deberá esperar a que aparezcan y entonces, según su gravedad y si son ramificadas o cuarteadas, dar una capa de regularización o sustituir el revestimiento en esas zonas.

---

7. Procesos y condiciones de manipulación y tratamiento de residuos

Como en cualquier trabajo, en las labores de revestimientos continuos se generan desechos propios de los productos que se utilizan como sacos vacíos, palés, plásticos, cartones, etc.

Pero también se generan otros restos de los que se podrían llamar "escombros" propios de imprecisiones, errores y de la propia sistemática de trabajo como pueden ser los restos no recuperables del raseado, masas secas que no se han podido aprovechar, picados por un error en la ejecución, etc.

Y todos estos restos acaban teniendo, junto a los propios de los otros oficios de la obra, un volumen relativamente grande con dos implicaciones principales: la ocupación de un espacio que puede dificultar el trabajo y movimiento por la obra e incluso accidentes y, por otro lado, el desperdicio de gran cantidad de material para el que se han usado en su elaboración recursos naturales y económicos.

Sin embargo, se pueden reducir las consecuencias del desperdicio de material y sus implicaciones medioambientales con una buena planificación del trabajo y un uso racional de los materiales, además de ir aprovechando o reutilizando lo que se pueda, siendo junto al reciclado una forma de recuperación de los restos para reducir el consumo de recursos, proteger el medioambiente e incluso disminuir los costes y materiales de producción y por tanto su precio de venta.

Sabía que...

Las plantas de reciclaje deben tener autorización por parte de la administración para realizar su actividad.

En lo que respecta a la forma de proceder en cuanto a las dificultades de espacio que los residuos pueden generar en una obra, hay que considerar que la calidad de los trabajos no solo radica en el resultado, si no en todo aquello que los rodea, siendo la limpieza una forma de realizar un trabajo de calidad.

Limpiar según se va ensuciando permite trabajar cómodo y reducir peligros propios de la labor, ya que una superficie de trabajo llena de obstáculos o suciedad lleva, más tarde o más temprano, a tener un accidente, sin contar que trabajar en una superficie limpia y estable es de gran ayuda para lograr un buen resultado.

Además, siempre hay momentos durante el trabajo que se pueden aprovechar para ello, ya que tampoco se trata de parar un trabajo a medias y arriesgar su calidad para limpiar, si no todo lo contrario, aprovechar momentos del mismo que permitan limpiar para poder trabajar mejor y además beneficiarse de un uso racional del material.

Serán las condiciones de contratación o las indicaciones del encargado de la obra las que le orientarán sobre la forma de proceder, informándole de quién se hace cargo de la limpieza de los tajos, acopio de residuos, lugares destinados a ello y modo de tratamiento.

Como directrices generales se pueden considerar: ir limpiando según se va generando, no acumular residuos en zonas de paso o de trabajo, delimitar la zona de acumulación o usar alguna con poco tránsito hasta su recogida definitiva, transportar al punto definitivo de almacenamiento de residuos con precaución y previniendo derrames, dejar los residuos según su clasificación y en la zona indicada para ello, aprovechar momentos de espera o de cambio de tajo para llevar residuos a la zona final de almacenamiento.

Actividades

19. ¿Cuáles son las implicaciones del gran volumen de restos que se generan en una obra?
20. ¿Cuáles son las ventajas de ir limpiando según se va trabajando?

Para el tratamiento de envases debe tener también en cuenta la peligrosidad del residuo, para lo que no tiene más que ver el pictograma del envase que lo indica, cuyo fondo es naranja con las figuras y bordes en negro.

Pictogramas indicativos de los peligros de los productos

Hasta hace poco cada obra tenía sus propias costumbres referentes a quién y cómo realizaba la gestión de los restos generados por los distintos tajos, desde el aporte por la propia constructora de personal y medios para ello, hasta el encargo al subcontratado (recogido en el contrato) de la total responsabilidad de recogida y aporte o gestión de los medios necesarios para el almacenamiento y transporte de sus propios residuos.

Sabía que...

Los productos que suponen algún riesgo o peligro tanto para las personas como para el medioambiente están obligados a llevar los pictogramas expuestos. La normativa que lo obliga determina incluso las medidas de dicho pictograma.

Esta última opción se ha generalizado y se ha fomentado tras la aparición de normas que lo apoyan, intentando lograr una reducción de los residuos y una recuperación y reutilización cada vez mayor, lo que introduce el aspecto que queda por tratar sobre las grandes cantidades de restos de obra y su tratamiento.

Con lo dicho, como personal de obra, deberá respetar las normas que la obra aplique a la gestión de los residuos, pudiendo adoptar algunas costumbres que favorecerán dicha labor, como son:

- Depositar cada tipo de residuo en el contenedor, saco o depósito previsto.
- Separar los residuos según los vaya generando para no mezclarlos con otros e impedir su reciclado o aprovechamiento.
- No apilar residuos sin proteger por la obra evitando que queden sin control y puedan generar accidentes.
- No sobrecargar los contenedores.
- No pida ni prepare más material del que necesite.

Definición

RCD

Los residuos de construcción y demolición se denominan RCD en las normativas que van apareciendo para su tratamiento.

No olvide que en las tareas de limpieza se encuentra expuesto a riesgos similares a los del trabajo, como son: riesgos asociados a la manipulación de cargas, golpes, cortes, manejo de sustancias que dañan la piel y materiales pulverulentos.

A modo simplemente informativo se adjunta el siguiente esquema donde puede comprobar la cantidad de tipos de residuos que se pueden generar en una obra de construcción y de demolición, si bien existen gestores autorizados y empresas que facilitan la labor, aunque en el objeto de trabajo de este manual (enfoscados y guarnecidos) solo se suelen generar restos de mampostería y embalajes. Dicho esquema cabe esperar que le sirva para despertar su interés sobre la gestión racional del material de trabajo y sus residuos.

En la nomenclatura del esquema **SIG** significa "Sistema Integral de Gestión" y **SDDR** significa "Sistema de Depósito y Devolución de Residuos".

Recuerde

El tratamiento correcto de los residuos redundará en un beneficio para su seguridad y la de los demás, en la impresión de la calidad del trabajo que realice, en comodidad para trabajar, en el cumplimiento de la ley evitando así sanciones y en aportar su grano de arena en la conservación del medioambiente.

Tipos de RCD (residuos de construcción y demolición) y cómo se gestionan

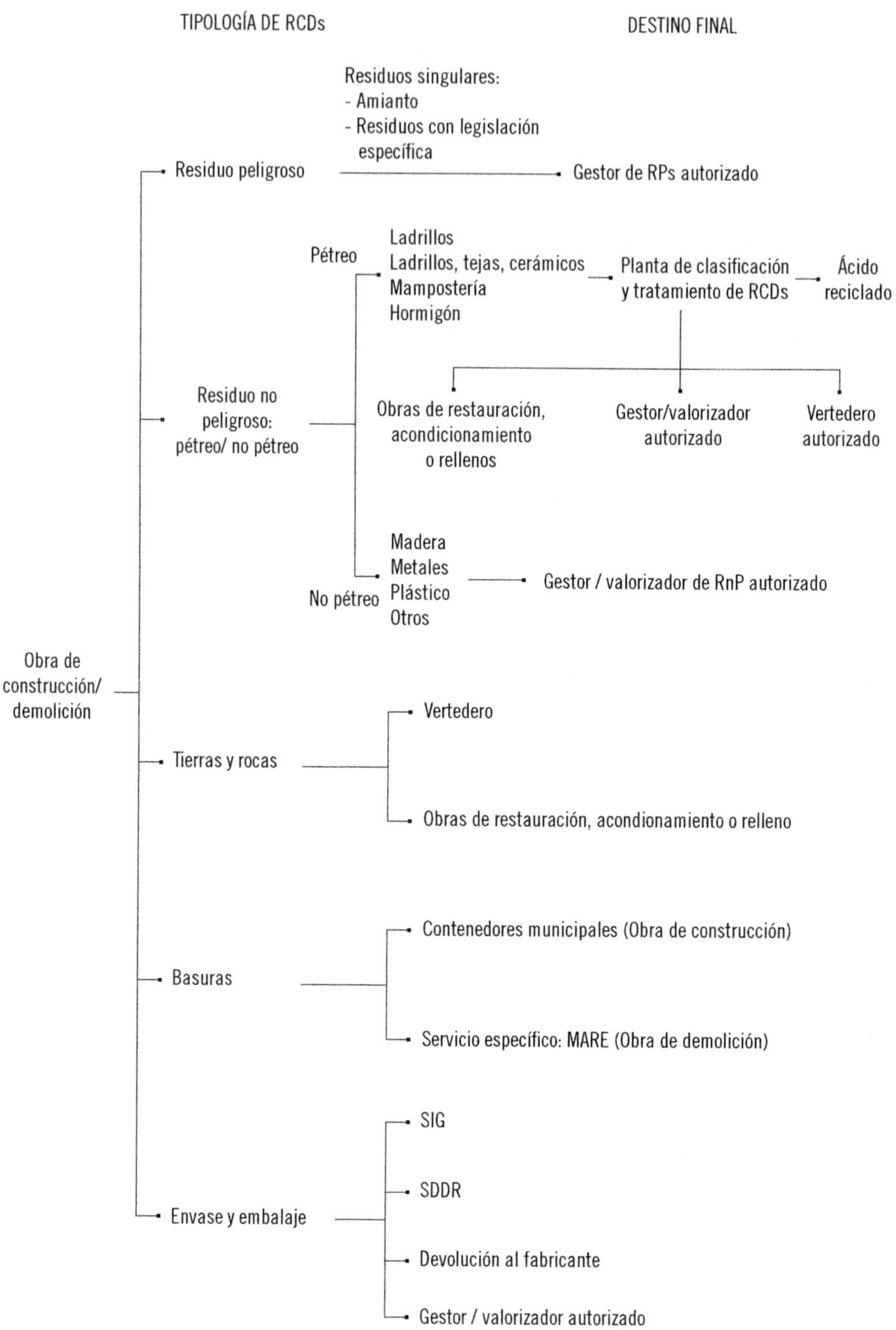

Aplicación práctica

Antes de comenzar los trabajos de guarnecido de una obra debe solicitar los contenedores para sus propios residuos. ¿Para qué tipo de restos pediría contenedores y qué haría durante su trabajo para colaborar en lo referente a la cantidad de restos generados por la obra?

SOLUCIÓN

Puesto que en el guarnecido los restos que se generan son los sacos de yeso que suelen ser de papel, los restos de pasta que caen durante el trabajo y posibles restos que se han secado antes de ser usados, deberá pedir un contenedor de escombros y uno para reciclados.

No olvide asegurarse de que la empresa que se encargue de los escombros sea un gestor autorizado.

Con respecto a la reducción de restos, lo mejor que puede hacer es preparar solo la pasta necesaria, ya que los restos secos no se pueden utilizar porque aceleran el fraguado, así que un uso racional del agua y una buena capacidad para medir la pasta que necesita sin desaprovecharla será un buen avance.

8. Factores de innovación tecnológica: materiales, técnicas y equipos innovadores de reciente implantación

Durante todo este capítulo ha podido comprobar las similitudes existentes entre los enfoscados y guarnecidos y que hasta cierto punto eran de esperar puesto que ambos son revestimientos conglomerados, su formato de entrega en polvo, su preparación es con agua, su forma es pastosa, su aplicación es como un extendido y su finalidad es similar.

Prácticamente se puede decir que el mayor cambio es el producto y por tanto sus propiedades, algunos de sus comportamientos y algunas pautas de manipulación.

Con estas circunstancias cabe esperar que los avances e innovaciones en los guarnecidos sean también similares al menos en algunos aspectos, sobre todo en lo referente a las herramientas, puesto que el concepto de aplicación y de uso del producto es donde hay más parecidos.

Existen en el mercado desde hace años y con gran extensión y aceptación productos que en su momento fueron innovadores como los yesos con propiedades corregidas gracias a la inclusión de la perlita en su composición. Este mineral se viene usando para aligerar en peso la pasta y para aportar mayor dureza superficial.

Sabía que...

La perlita es un vidrio volcánico al que se le han encontrado muchas aplicaciones encaminadas al aligeramiento como en su mezcla con el yeso o como en la formación se "compost" para plantas.

También van apareciendo, cada vez con más frecuencia, productos como: yesos con mayor tiempo de trabajo antes de su endurecimiento, yesos para usos específicos y aditivos para modificar el comportamiento de la pasta.

La escasez de recursos naturales tampoco ha sido olvidada por los fabricantes y se han desarrollado lo que se llaman "yesos químicos".

El yeso químico o fosfoyeso es un subproducto derivado de la fabricación del ácido fosfórico utilizado en los fertilizantes, y es su parecido al yeso junto con las grandes cantidades que se generan en la fabricación del citado ácido lo que ha motivado la investigación para su uso como material de construcción. Sin embargo, parece que aún no se ha logrado obtener un producto definitivo debido a algunos problemas que impiden su uso, aunque no cabe duda de que pronto será una realidad.

Los restos de fosfoyeso (izquierda) procedentes de la producción del ácido fosfórico se acumulan en "balsas" (derecha).

De nuevo se presenta el aprovechamiento de desechos de producción como una alternativa al uso y agotamiento de recursos naturales y a la reducción del consumo energético reutilizando restos de un proceso productivo, lo que ofrece una triple aportación al medioambiente: la reducción de desechos, la reducción del consumo energético (y ahorro de emisiones de CO_2) y la reducción en la explotación de recursos naturales.

Actividades

21. ¿Qué propiedades tiene el yeso con perlita?
22. ¿Sobre qué tipo de yeso se está investigando su uso como material de construcción y de dónde proviene?

Otros elementos que se usan en los guarnecidos cada vez con más frecuencia son las máquinas de proyectado, para las que incluso se fabrican yesos específicos.

Dichas máquinas son en esencia iguales a las vistas para los enfoscados, si bien algunos fabricantes empiezan a ofrecer máquinas más versátiles que incluso facilitan algunos acabados superficiales y también máquinas específicas para enlucidos que incluso realizan acabados decorativos.

Máquina mezcladora

Es importante seguir las evoluciones del sector, que siempre se encuentra evolucionando para ofrecer mejores productos, mejores condiciones de aplicación, menores esfuerzos de trabajo y mayor eficacia y eficiencia de aplicación.

9. Puesta en práctica de las medidas preventivas planificadas para ejecutar los trabajos de guarnecidos "a buena vista" en condiciones de seguridad

Puesto que los riesgos de los trabajos de construcción están asociados al medio que les rodea, a las sustancias y métodos de trabajo y a los medios auxiliares necesarios, y teniendo en cuenta que las condiciones de seguridad serán las que eliminen o reduzcan tales riesgos, todo lo expuesto en este sentido será de aplicación también para los guarnecidos.

Sin embargo, un tema tan importante como es su seguridad en el trabajo merece una nueva exposición de los riesgos y medidas preventivas que le permitirán regresar a casa sano y salvo además de hacer que pueda desarrollar su trabajo con la tranquilidad que ofrece una situación segura.

Nota

Es muy importante que repase los conceptos de seguridad en el trabajo que siguen, puesto que, debido a su importancia, es más que recomendable su aprendizaje.

Para una mejor comprensión se recogerán los riesgos y medidas preventivas divididos en: riesgos generales de la obra, riesgos de los materiales y equipos de trabajo y riesgos propios de la actividad y del uso de medios auxiliares.

9.1. Riesgos generales de las obras y medidas preventivas

En cualquier obra suelen trabajar muchas personas de distintos oficios y suele haber grandes cantidades de materiales acumulados hasta su uso, a lo que hay que añadir que muchos de los trabajos generan restos que se deberán ir retirando. Esto significa que en una obra hay que circular y actuar con precaución para no dañar a nadie ni resultar dañado.

Estas circunstancias generan los siguientes riesgos:

- Caídas al mismo y a distinto nivel.
- Caídas de objetos por desplome o derrumbamiento.
- Caídas de objetos desprendidos de las plantas, durante su transporte o izado o durante su manipulación.
- Pisadas sobre objetos y/o resbalones por humedad en el suelo.
- Proyección de fragmentos o partículas.
- Contactos eléctricos.
- Golpes contra objetos inmóviles.

Recuerde

Al incumplir un plan de seguridad o una normativa relacionada con la prevención de riesgos laborales, no solo está poniendo en peligro su integridad física, sino también la de sus compañeros, sin contar con las sanciones económicas que puede recibir su empresa.

Frente a estos riesgos las medidas preventivas a adoptar son, en general:

- Seguir las normas e instrucciones facilitadas por el promotor, la dirección facultativa y/o el coordinador de seguridad. Circular con atención y precaución por las distintas zonas de la obra.
- Respetar las señalizaciones de seguridad de la obra y las de tráfico donde circulen vehículos.
- Mantener limpias y ordenadas las superficies de tránsito y de trabajo.
- Extremar las precauciones cuando se trabaje y circule por las proximidades de bordes, fosos y arquetas, altillos, plataformas de trabajo, etc., que se encuentren sin proteger. No sobrepasar con partes del cuerpo los límites de las barandillas.
- Los caminos de acceso serán adecuados al peso de las personas que circulen por él y, en su caso, de los materiales que se transporten.
- No subir ni bajar escaleras de forma precipitada ni con las manos en los bolsillos.
- Nunca retirar barandillas sin autorización y, teniendo la autorización, siempre volver a colocarlas una vez terminado el trabajo y siempre que no se vaya a estar presente.

Barandillas de seguridad

- Llevar casco y calzado de seguridad según las indicaciones del promotor, dirección facultativa y/o coordinador de seguridad o en todo momento que venga reflejado en el plan de seguridad y salud.
- Nunca pasar ni permanecer bajo cargas suspendidas.
- Las zonas de trabajo tendrán una iluminación suficiente.
- La iluminación en zonas con humedad y/o mediante portátiles se realizará mediante portalámparas estancos con mango aislante y rejilla de protección de la bombilla, alimentados a 24 V.
- Los cables y mangueras de alimentación eléctrica a equipos de trabajo estarán elevados o protegidos mecánicamente si van por el suelo. También estarán localizados y señalizados.
- Las conexiones de equipos a la corriente eléctrica se realizarán mediante clavijas macho-hembra.
- Se prestará especial atención y se extremarán las precauciones al trabajar o circular por zonas húmedas, embarradas, encharcadas, con derrames y/o con restos de materiales.

Actividades

23. Indique tres riesgos generales de la obra y asocie con ellos sus medidas preventivas.
24. Se sabe que alguien se ha caído en la obra por unas escaleras. ¿Qué medidas preventivas podría haber incumplido?

9.2. Riesgos asociados a los materiales y equipos de trabajo y medidas preventivas

El yeso también es un material muy alcalino, por lo que, al igual que el mortero de cemento, puede generar problemas de piel si no se toman las precauciones adecuadas; asimismo, el trabajo con máquinas y herramientas también puede generar lesiones y accidentes.

Sabía que...

Una sustancia alcalina es aquella que tiene un pH alto. El pH neutro en relación a productos cosméticos es 7. Con un pH menor la sustancia es ácida y "se come" la piel. Con un pH mayor de 7 la sustancia es alcalina y reseca la piel.

Dicho esto, los riesgos asociados a los materiales y equipos de trabajo para la realización de guarnecido de yeso son:

- Problemas de piel por contacto con el yeso.
- Golpes y cortes.
- Atrapamientos.
- Contactos eléctricos.

Para prevenir estos riesgos, las medidas preventivas a tomar son:

- Usar guantes adecuados cuando la piel vaya a entrar en contacto con la pasta (impermeables, neopreno, etc.).
- Usar guantes de protección durante la utilización de herramientas con filos cortantes, partes punzantes, así como durante los trabajos de golpeado y/o picado de superficies con martillos, etc.
- Respetar las indicaciones de los manuales de la maquinaria que se utilice así como las señales de seguridad de la misma. Se debe usar maquinaria con marcado CE y no retirar las señales de advertencia.

- Nunca eliminar conexiones a tierra y conectar la maquinaria eléctrica en enchufes con toma de tierra. Evitar las conexiones que no se realicen mediante conectores homologados y preferiblemente estancos.

Clavijas eléctricas homologadas

- Nunca eliminar, quitar o inutilizar carcasas, rejillas o deflectores de protección así como *stops* de emergencia o contactos de seguridad de la maquinaria que se use. Si se necesita hacer cualquier operación que requiera manipular cualquier protección u operar con partes móviles y/o peligrosas, hacerlo con la máquina desconectada verificando que así lo está. La mejor forma de evitar el peligro en la manipulación es desenchufando la máquina. Si esto no es posible, extremar las precauciones, trabajar en posición segura y con una zona de trabajo que permita apartarse en caso de peligro.
- Las máquinas y herramientas se deben conservar y usar limpias y en buen estado de uso o funcionamiento.
- Las herramientas de mano serán las apropiadas para la operación a realizar y no tendrán defectos ni desgastes que dificulten su utilización. La unión entre sus elementos será firme, la dimensión de sus mangos adecuada y el material de los mismos no resbaladizo. Las partes cortantes o punzantes propias de su uso se mantendrán afiladas.
- El trabajo con herramientas, manuales o máquinas, que puedan producir proyecciones de partículas, se realizará con gafas de protección.

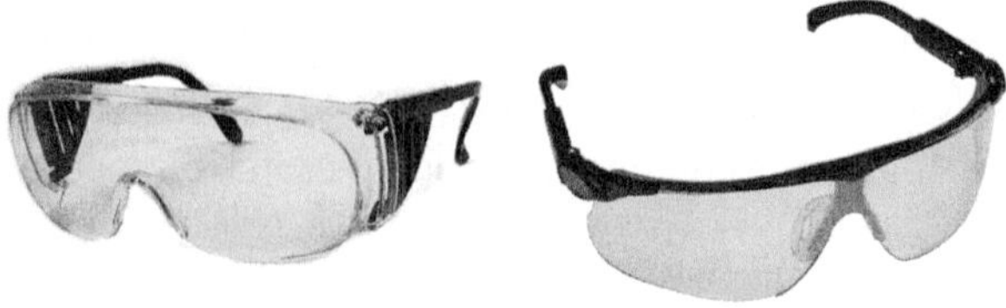

Gafas de protección

- Cuando cualquier maquinaria se deba transportar con medios mecánicos, se asegurará adecuadamente su elevación y movimiento.
- En el caso de utilizar máquinas de proyectado, se asegurará que estas tienen sistema de reducción de ruidos, se acordonará una zona alrededor del compresor de 4 m, se utilizará protección auditiva cuando sea necesaria, se usarán mangueras sin deteriorar y se elevarán en los cruces sobre caminos de obra.
- Cuando se usen máquinas para proyectar yeso trabajando sobre andamios, los trabajadores deberán usar cinturones de seguridad anclados a puntos seguros de anclaje.

Actividades

25. Enumere las medidas preventivas a adoptar durante el uso de una máquina de proyección de yeso.
26. Razone por qué es una medida preventiva frente a riesgos en el trabajo que las máquinas y herramientas se encuentren limpias.

9.3. Riesgos asociados a la actividad de los guarnecidos y a los medios auxiliares comúnmente utilizados

Los guarnecidos se aplican en paredes y techos, por lo que será imprescindible, en la mayoría de los casos, recurrir a medios auxiliares que permitan acceder a lugares en altura, lo cual conlleva sus riesgos, y habrá que tener en cuenta que estos medios pueden estar cerca de zonas abiertas a exterior, lo cual es muy peligroso, ya que trabajar en altura es un peligro por sí mismo. De hecho una caída, aunque sea de poca altura, puede causar daños considerables.

También será frecuente el movimiento de materiales de forma manual, siendo los sobreesfuerzos y las lesiones derivadas de la manipulación de cargas unos de los mayores focos accidentes laborales en la actualidad, junto con las lesiones por movimientos bruscos y/o repetitivos así como las malas posturas de trabajo.

Así pues, los riesgos propios de las actividades asociadas a la ejecución de enfoscados y del uso de medios auxiliares serán:

- Posturas forzadas, lesiones por movimientos en malas posturas y/o por movimientos repetitivos y lesiones por movimientos bruscos.
- Sobreesfuerzos.
- Golpes a terceros durante el transporte de herramientas.
- Caídas a distinto nivel.
- Caídas por vuelco de la plataforma de trabajo, rotura de la misma o por mala unión entre plataformas.

Sabía que...

La mayoría de las lesiones de espalda debidas a la manipulación de cargas se podrían prevenir haciendo los movimientos correctos y tomando las precauciones adecuadas.

Las medidas preventivas a adoptar se relacionan a continuación, si bien en el caso de las caídas, que en este caso se refieren a las que se puedan producir desde medios auxiliares (andamios, escaleras, etc.), se agruparán a parte distinguiendo cada uno de los medios más frecuentes.

Las medidas son:

- En el levantamiento de cargas, apoyar los pies firmemente, separados el ancho de hombros, mantener la espalda recta y levantar gradualmente concentrando el esfuerzo en las piernas.
- Nunca girar el cuerpo sosteniendo una carga, pedir ayuda para las cargas pesadas y tratar de usar medios auxiliares y/o mecánicos siempre que sea posible.
- Antes de elevar una carga, inspeccionar su peso aproximado, situación del centro de gravedad, si tiene bordes cortantes o partes punzantes (como clavos o astillas), estado del embalaje y estabilidad de la carga antes de soltarla.

El centro de gravedad no siempre coincide con el centro geométrico y es de gran ayuda para manipular cargas

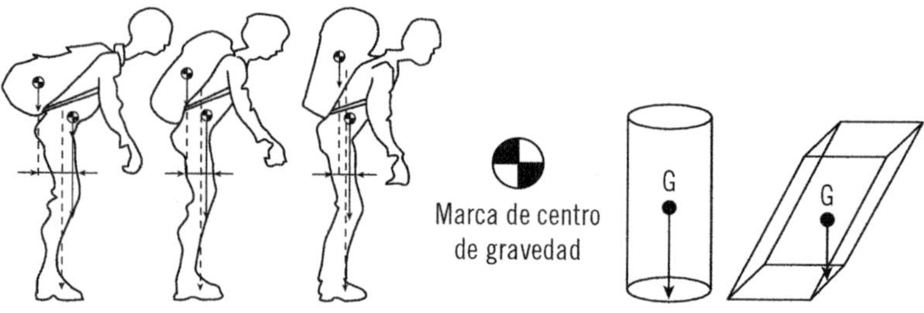

Cuanto más cerca del centro de gravedad corporal se encuentre la carga, más fácil será llevar la mochila

- Procurar trabajar con espacio suficiente para hacer los movimientos propios de la actividad, siempre que sea posible buscar la postura más cómoda que permitan las condiciones y no pasar mucho tiempo en la misma postura. Se aconseja cambiar la forma de trabajo para evitar movimientos repetitivos o intercalar otras tareas que permitan hacer otros movimientos o descansar las partes del cuerpo afectadas.
- Cuando las reglas o tablones se transporten manualmente se llevarán de forma que el extremo que va por delante esté a una altura mayor que la del casco de quien lo transporta.

- El transporte de reglas o tablones con carretillas se realizará atando firmemente la carga a la propia carretilla.

Las medidas preventivas generales a adoptar en relación a los medios auxiliares (andamios, borriquetas, etc.) son:

- Se prohíbe el uso de escaleras, bidones, pilas de materiales etc., a modo de plataformas de trabajo. Ver las precauciones de uso de borriquetas y otros medios auxiliares más adelante.
- Los andamios para enfoscado interior en las alturas usuales de trabajo se formarán sobre borriquetas.
- Las escaleras de mano solo deben usarse para el acceso a zonas de altura y no para trabajar sobre ellas, al igual que tampoco pueden usarse para la formación de andamios o superficies de trabajo.

Escalera de mano

Medidas preventivas a adoptar durante el uso de andamios de borriquetas (o caballetes):

- Las borriquetas se nivelarán perfectamente y las plataformas de trabajo se anclarán a ellas no sobresaliendo por los lados más de 30 cm. Para más de 3 m de longitud se usarán tres borriquetas, no apoyando la plataforma de trabajo en otros elementos que no sean los propios caballetes o borriquetas. La superficie de trabajo no tendrá ni escalones ni huecos.

- Sobre estos andamios se mantendrá el material estrictamente necesario.
- No se conformarán andamios de borriquetas sobre otros andamios.
- Tendrán barandillas y rodapiés cuando se trabaje a más de 2 m de altura, se prohíbe el uso de estos andamios en balcones o terrazas sin protección contra caídas desde altura y se dispondrán elementos donde amarrar el cinturón de seguridad.
- Los elementos que conformen el andamio estarán en buen estado de conservación.

Aplicación práctica

Se encuentra cargando sacos de yeso a hombros y llevándolos hacia su nuevo tajo cuando su compañero, que no sabe mucho sobre prevención de riesgos laborales, le llama y le pregunta sobre lo que necesitará para poder enfoscar la parte alta de las paredes de la habitación.

Considerando que usará un andamio de borriquetas y que en la obra hay varios a su disposición, ¿cuáles serían sus movimientos para dirigirse a su compañero y cuáles las indicaciones al mismo para que lo busque y transporte?

SOLUCIÓN

Suele ser común lesionarse mientras se manipulan cargas por un despiste; de hecho, cuando le llama el compañero es importante recordar que no debe girar el cuerpo, sino mover las piernas para girarse manteniendo la espalda recta.

Dicho esto, la carga podrá soltarla o mantenerla a hombros dependiendo de la cantidad de indicaciones que deba dar, si son todas verbales o si debe hacer señales o acompañar a su compañero.

Las indicaciones para buscar los elementos de un andamio de borriquetas serán: buscar unas borriquetas en buen estado de conservación, patas de la misma altura, ver el tajo por si interesa montar un andamio de más de tres metros de largo y ver también el tajo por si

Continúa en página siguiente >>

<< Viene de página anterior

hay zonas donde la altura del andamio de borriquetas supere los dos metros de altura o exista posibilidad de caída (terrazas, balcones, etc.).

Respecto al transporte, recuerde indicarle que, si lo hace a mano, lleve las maderas de gran longitud con la punta delantera hacia arriba y a una altura mayor que la de su casco. Si los transporta con carretilla, recordarle que amarre y asegure bien la carga.

Medidas preventivas a adoptar durante el uso de andamios metálicos sobre ruedas:

- Solo se pueden usar estos andamios cuando el suelo sea lo suficientemente firme y se trabajará sobre ellos con las ruedas inmovilizadas.
- Sus traslados se harán sin personas ni materiales sobre ellos.
- No se elaborarán pastas sobre los andamios para evitar resbalones.
- Los materiales de trabajo se subirán de forma segura y se repartirán uniformemente para no concentrar grandes pesos en un solo punto.

Medidas preventivas a adoptar durante el uso de andamios metálicos tubulares europeos:

- Estos andamios se montan a raíz de un proyecto realizado específicamente para la obra, por lo que cualquier modificación del mismo para poder acceder a una zona de trabajo deberá realizarla personal cualificado específicamente para ello.
- Se prohíbe el trabajo sobre las plataformas de la coronación de estos andamios si antes no se han instalado barandillas sólidas a 90 cm de altura compuestas por pasamanos, barra intermedia y rodapié.
- Serán de aplicación los dos últimos puntos del apartado anterior referente a andamios sobre ruedas.
- No se arrojarán escombros desde los andamios, no se correrá por las plataformas y el paso al interior del edificio se hará mediante pasarelas instaladas para ello.

Medidas preventivas a adoptar durante el uso de andamios colgados:

- Estos andamios se instalarán por personal conocedor del sistema correcto de montaje y dirigido por un especialista.
- Los cables de sustentación tendrán longitud suficiente para descender totalmente hasta el suelo en cualquier momento. Se desecharán los cables con hilos rotos.
- Estos andamios no se dejarán suspendidos al acabar la jornada.
- No se podrán unir varias barquillas o góndolas para formar andamiadas mayores de 8 m de longitud, y las que se unan se harán mediante las articulaciones con cierres de seguridad apropiadas para el modelo.
- Se prohíben las pasarelas de tablones entre barquillas.
- Las andamiadas colgadas permanecerán niveladas y no se izarán o descenderán por una sola persona.
- Se evitará el paso de personas por debajo.

10. Resumen

El yeso es un material que, por su forma de puesta en obra, su preparación y su aplicación, hace que la ejecución de guarnecidos sea una tarea con grandes similitudes a la de enfoscado.

Sin embargo, los parecidos no deben relajar su atención, puesto que hay diferencias significativas que, de no tenerlas en cuenta, pueden dar al traste con su trabajo o llevarle a una mala ejecución.

El yeso presenta las propiedades de fácil manipulación, expansión al fraguar, gran adherencia, aislamiento térmico, acústico y de regulación de humedad siempre que no sea muy alta, durabilidad, y es ignífugo.

El proceso de revestimiento consiste en preparación de la superficie a guarnecer, colocación de guardavivos, amasado de la pasta para el guarnecido según la cantidad que vaya a necesitar, proyección de la pasta para su adhesión al paramento, raseado.

Se recomienda seguir para el amasado las recomendaciones del fabricante y este se realiza vertiendo en primer lugar el agua en el recipiente donde se vaya a amasar, espolvoreando después el yeso sobre ella, procurando que no se formen grumos. El amasado con una proporción de agua-yeso distinta de la recomendada puede variar las propiedades del revestimiento.

De gran importancia son también los apartados de las condiciones de los soportes a guarnecer, el control de ejecución para garantizar un buen resultado y los detalles sobre la ejecución del guarnecido.

También se han repasado conceptos en relación a los hábitos y procesos a seguir en lo relativo a los residuos teniendo en cuenta la tendencia y la aparición de normativas relacionadas con la disminución, aprovechamiento y reciclado de los mismos.

Y, debido a su importancia, es fundamental repasar las medidas preventivas para realizar un trabajo seguro en obra, también incluidas en su sección correspondiente.

Ejercicios de repaso y autoevaluación

1. Sitúe las siguientes palabras en los lugares correctos de la oración que le sigue:

Pintura - interiores - revestimiento - fino - humedad

Debe recordar que el yeso es un material más sensible a la ____________ que el mortero, lo que limita su uso a ____________, si bien, su acabado es más ____________ y con frecuencia se usa como ____________ antes de un acabado final de ____________.

2. ¿Cuál es una de las principales diferencias entre el yeso y el cemento? Marque la respuesta correcta.

a. Solo se diferencian en el color del acabado.
b. El yeso es un conglomerante aéreo y el cemento lo es hidráulico.
c. El yeso es un conglomerante hidráulico y el cemento lo es aéreo.

3. Indique si las frases siguientes son verdaderas o falsas.

a. El yeso como revestimiento se usa tanto en interior como en exterior.

- ☐ Verdadero
- ☐ Falso

b. Se recomienda que antes de realizar el guarnecido estén terminados los cerramientos exteriores incluso con su revestimiento.

- ☐ Verdadero
- ☐ Falso

c. El revestimiento puede tener cualquier espesor, ahorrándose el dar varias capas para grandes espesores.

- ☐ Verdadero
- ☐ Falso

4. **Marque, de entre las siguientes, las que sí son propiedades del yeso como revestimiento:**

    a. Fácilmente manipulable.
    b. Acabado definitivo.
    c. Expansión.
    d. Adherencia.
    e. Alta gama de colores.
    f. Aislamiento térmico, acústico y regulación de humedad.
    g. Resistente a la humedad.
    h. Durabilidad.
    i. Ignífugo.
    j. Alto tiempo de trabajo debido a su lento fraguado.

5. **¿Qué se aconseja colocar si en el soporte que se va a aplicar el revestimiento existiesen lagunas en los materiales?**

    ____
    ____
    ____
    ____

6. **Enumere los procesos según el orden que deberían tener atendiendo a su momento de ejecución:**

    __ Amasado de la pasta para el guarnecido según la cantidad que vaya a necesitar (no olvide limpiar las herramientas antes del amasado y al terminar el trabajo).
    __ Colocación de reglas y guardavivos (si hay que agarrarlos con yeso, se puede hacer un poco de pasta para esta tarea, evitando así perder tiempo con gran cantidad de pasta preparada).
    __ Realización de esquinas con yeso.
    __ Raseado y tratamiento superficial (repaso o preparación para el enlucido).
    __ Preparación de la superficie a guarnecer.
    __ Proyección o extensión de la pasta para su adhesión al paramento.

7. Marque los elementos erróneos entre los tipos de yeso que siguen:

a. YG o yeso grueso.
b. YF de proyección con máquina.
c. YP o yeso de prefabricados.
d. E30 o yeso fino.
e. E35 o escayola especial.
f. También se pueden encontrar más tipos de yeso como el yeso rápido, lento de alta dureza, aligerado.

8. Relacione los siguientes elementos.

a. Limpieza, porosidad, rugosidad y planeidad del paramento
b. Eflorescencias
c. Regularización del soporte
d. Estable
e. Estanqueidad
f. Temperatura

__ También para los guarnecidos será necesaria una preparación previa quitando salientes, rellenando coqueras y tapando rozas o regolas.
__ La presión para adherir y trabajar la pasta hace necesario que el soporte lo sea.
__ Son tan importantes como para los enfoscados.
__ La filtración de agua a través del paramento supone un "robo" de agua al endurecido que tiene difícil solución si no se ha previsto y tratado antes de la ejecución.
__ Mientras el fabricante no lo especifique, los valores límite en general para el amasado son de 5 °C y de 40 °C.
__ Es muy importante limpiar las manchas que tenga el soporte para evitar perder propiedades.

9. Marque la opción incorrecta.

a. Los cercos o precercos de puertas y ventanas se deben encontrar colocados, puesto que el revestimiento de yeso se hará a tope con ellos.
b. La colocación de reglas es completamente diferente a la colocación para el caso del enfoscado.

c. Tiene que tener en cuenta que debe darle tiempo de rasear con la regla el área a proyectar, rondando el tiempo de trabajo del yeso habitual entre unos diez y treinta minutos.
d. Aplicar directamente el yeso con la llana es el método más utilizado al ofrecer la ventaja de cubrir una mayor área en menos tiempo.
e. La regla que se usa en este caso es de aluminio con perfil en H.
f. Para hacer un empalme se debe cortar la parte final del tendido hasta una zona de espesor y planeidad correcta de forma que se pueda mantener la calidad del trabajo.

10. Cite los principales puntos de control de ejecución de los guarnecidos.

____

____

11. Relacione los defectos de ejecución con sus causas.

a. Fisuras escalonadas.
b. Fisuras ramificadas.
c. Manchas.
d. Abombamientos.
e. Fisuras cuarteadas.

__ Humedad.
__ Problemas de secado.
__ No recubrir hierros.
__ Movimiento entre piezas del soporte.

12. Indique si las frases siguientes son verdaderas o falsas en relación al tratamiento de residuos.

a. Se pueden reducir las consecuencias del desperdicio de material y sus implicaciones medioambientales con una buena planificación del trabajo y un uso racional de los materiales.

☐ Verdadero
☐ Falso

b. Limpiar según se va ensuciando permite trabajar cómodo y reducir peligros propios de la labor.

- ☐ Verdadero
- ☐ Falso

c. Para el tratamiento de envases debe tener también en cuenta la peligrosidad del residuo, aunque no tiene forma de saberlo porque en el envase no se indica nada.

- ☐ Verdadero
- ☐ Falso

d. Como personal de obra, deberá respetar las normas que la obra aplique a la gestión de los residuos.

- ☐ Verdadero
- ☐ Falso

13. Marque los riesgos generales de una obra.

- Riesgo de radiación.
- Dermatosis.
- Golpes contra objetos inmóviles.
- Golpes y cortes.
- Contactos eléctricos.
- Riesgo de lesión auditiva.
- Caídas al mismo y a distinto nivel.
- Caídas de objetos por desplome o derrumbamiento.
- Riesgo de atrapamientos.
- Caídas de objetos desprendidos de las plantas, durante su transporte o izado o durante su manipulación.
- Pisadas sobre objetos y/o resbalones por humedad en el suelo.
- Proyección de fragmentos o partículas.

14. ¿Cuál es una medida preventiva frente al riesgo de dermatosis por la manipulación de yeso?

a. Usar gafas de protección.
b. Usar guantes.
c. Trabajar en posición segura con espacio para apartarse en caso de peligro.

15. Complete la frase.

Las borriquetas se __________ perfectamente y las __________ de trabajo se anclarán a ellas, no sobresaliendo por los __________ más de 30 cm. Para más de 3 m de __________ se usarán tres borriquetas, no __________ la plataforma de trabajo en otros elementos que no sean los propios __________ o borriquetas. La superficie de trabajo no tendrá ni __________ ni huecos.

Bibliografía

Monografías

- NISNOVICH, J.: *Manual práctico de construcción.* 4ª ed. Buenos Aires: Kalifon, 2006.
- SCHMITT, H.: *Tratado de construcción: Elementos, estructuras y reglas fundamentales de la construcción.* 6ª ed. Barcelona: Editorial Gustavo Gili, S. A., 1978.
- TEJELA Juez, J.; DE ARTEAGA Garrido, Mª I.: *Acabados de obra: acabados exteriores e interiores.* 2ª ed. Madrid: Fundación laboral de la construcción y Tornapunta ediciones, 2010.
- VV. AA.: *Prevención de riesgos laborales en el sector de la construcción.* A Coruña: Colex, 2022.

Legislación

- Ley 31/1995, de 8 de noviembre, de Prevención de Riesgos Laborales.
- Real Decreto 842/2013, de 31 de octubre, por el que se aprueba la clasificación de los productos de construcción y de los elementos constructivos en función de sus propiedades de reacción y de resistencia frente al fuego.
- Real Decreto 1371/2007, de 19 de octubre, por el que se aprueba el documento básico «DB-HR Protección frente al ruido» del Código Técnico de la Edificación y se modifica el Real Decreto 314/2006, de 17 de marzo, por el que se aprueba el Código Técnico de la Edificación.

- Real Decreto 314/2006, de 17 de marzo, por el que se aprueba el Código Técnico de la Edificación.
- Real Decreto 256/2016, de 10 de junio, por el que se aprueba la instrucción para la recepción de cementos (RC-16).
- Real Decreto 1627/1997 de 24 de octubre por el que se establecen disposiciones mínimas de seguridad y salud en obras de construcción.
- UNE-EN 998-2:2018: Morteros para albañilería.
- UNE 41302:2013 IN Instrucciones para la aplicación de morteros de revestimiento exteriores e interiores.
- UNE-EN 934-1:2009 Aditivos para hormigones, morteros y pastas. Parte 1: Requisitos comunes.
- UNE-EN 13279-1:2009 Yesos de construcción y conglomerantes a base de yeso para la construcción. Parte 1: Definiciones y especificaciones.
- UNE 67041-88: Tableros cerámicos de arcilla cocida para cubiertas. Designación y especificaciones.
- UNE-EN 1304:2020 Tejas y piezas auxiliares de arcilla cocida. Definiciones y especificaciones de producto.

Textos electrónicos, bases de datos y programas informáticos

- Código Técnico de la Edificación, de: <https://www.codigotecnico.org/>.
- Construmática, de: <http://www.construmatica.com>.
- Manual de ejecución de yesos y revestimientos interiores, de: <http://www.atedy.es>.